KB242906

밀알인
박원선

윤상일 지음

지상사 Jisangsa

1967년 12월 10일 박원선, 주경지 결혼

1953년 3월 정산국민학교 졸업기념

1954년 4월 정산중학교 2학년생

1957년 4월 15일 용산고등학교 2학년 청룡회 창립

1964년 2월 박원선 – 서울대학교 사범대학 졸업

2000년 2월 광희중학교 교장을 끝으로 교직에서 명예퇴직

1968년 2월 15일
서울맹학교 졸업기념

1984년 2월 8일
서울맹학교 졸업기념

1986년 5월 2일
염창중학교 봄소풍기념

1967년 가을, 서울맹학교
수학여행(불국사)

1991년 경남 하동, 경기
평택 소년 · 소녀 가장
서울 초청

1989년 경남 하동 소년 · 소녀 가장 서울 초청
국립현충원 참배

1990년 경남 하동 소년 · 소녀 가장 서울 초청 – 주경지 여사

1981년 봄 야유회(여주 세종대왕릉) – 김익달 선사와 함께

1982년 밀알회 송년회에 참석하는 김익달 선사

1980년 6월 장학 기금 모금 – 청파 이은구 도예전(롯데백화점)

1993년 9월 장학 기금 모금
청파 이은구 도예전(롯데백화점)

1980년 겨울, 김익달 선사가
주경지 여사에게 장학 기금 모금 도예전
감사패 수여

1980년 6월 청파 이은구 백자에 월산스님의 휘호

1978년 월산 불국사 주지스님과 함께

김대중 대통령이 미국 국빈 방문 시,
선물로 가져갔던 청파 이은구의
'분청 투각 십장생문 장병'

2008년 4월 L.A 동생
박국선의 집 정원에서

1989년 7월 주경지 여사
강수돌, 박상복과 주문진
해수욕장에서

강수돌과 박상복이
주경지 여사 칠순 축하

1990년 8월 용정 윤동주 묘소 앞에서(교원 단체 회원과 함께)

1990년 8월 백두산 천지

2006년 5월 밀알회 회원 가족들과
실크로드 여행(돈황 막고굴 앞에서)

2005년 봄, 상해 홍구공원 윤봉길 의사
거사현장에서 3기 이전문 부부와 함께

2001년 봄, 밀알회 5기와 함께
전남 백운산 청매실 농원 앞에서

1996년 5월 밀알회 월례회(4기 박범진, 7기 김근태, 9기 강재섭 당선 축하)

2001년 3월 30일 재단법인 밀알장학재단 개소식(서초동 다향빌딩)

2016년 하계 수련회

2016년 김익달 탄생 100주년 기념전시회

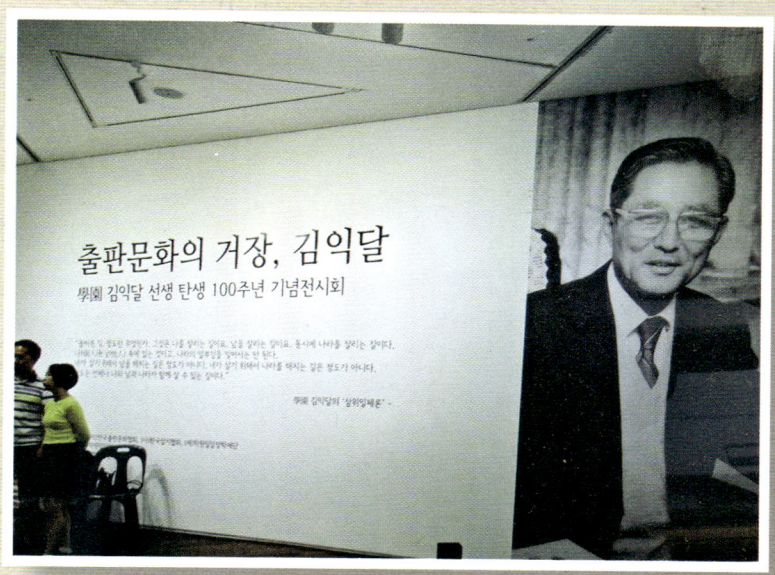

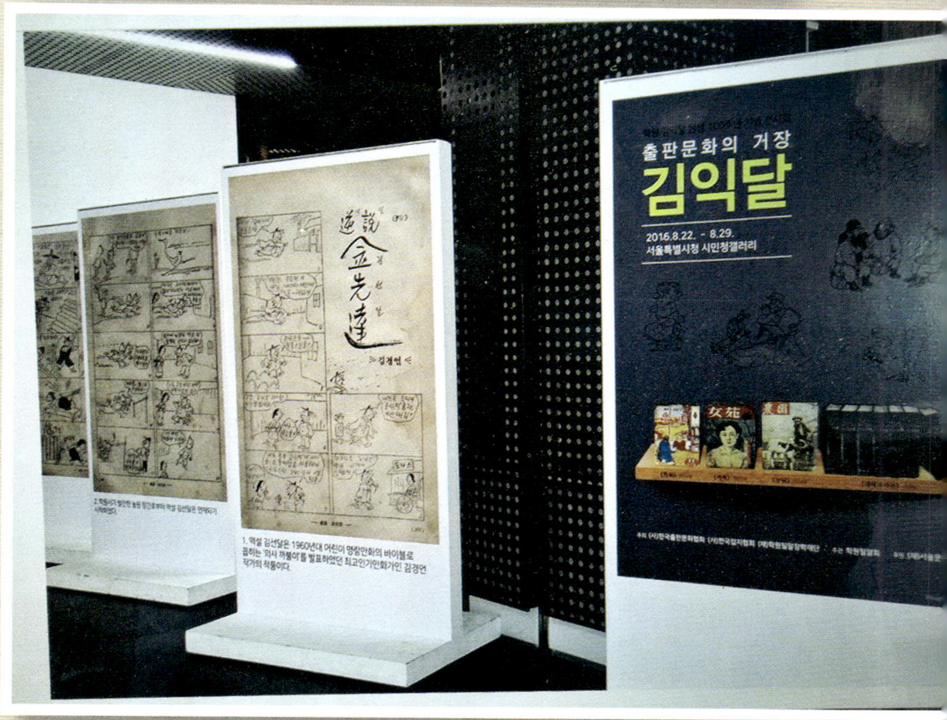

2015년 밀알회 정기총회

2016년 장학생 선발

밀알인
박원선

윤상일 지음

지상사
Jisangsa

배움의 뜰을 가꾸는 사람들의 이야기

1953년 한국전쟁이 끝났다. 아니 전쟁이 끝난 것이 아니라 휴전이라는 이름으로 멈춘 것이다. 냉전 시대의 이념을 내세운 그 잔혹한 전쟁은 3년 동안 동아시아 작은 반도, 한반도의 전 강토를 초토화시켜 외국 언론들이 이건 나라라고 부를 수도 없다고 할 정도였다. 도로는 파괴되고 다리는 끊겼으며 공장과 건물은 대부분 부서졌고 학교와 공공시설도 모두 파괴되어 말 그대로 폐허였다.

유엔과 세계은행, 외국 언론은 "100년이 지나도 자립할 수 없는 나라", "최소 30년은 외국 원조가 없으면 생존이 불가능한 나라"라고 했다.

심지어 월스트리트의 전문가들은 "구호품 없이는 단 며칠도

버티지 못하는 거대한 난민촌"이라고 보고서를 썼다.

당시 한국은 1인당 국민소득 67달러로 아프리카의 최빈국보다 가난한 나라였다.

자원도 없고 자본도 없고 기술도 없는 나라였다. 있는 거라고는 오직 사람뿐, 그것도 헐벗고 굶주리고 게다가 80%가 문맹인 2천 800만의 사람들, 그런데 휴전 후 한국 정부는 국가를 재건하기 위해 제1순위로 학교를 짓기로 결정했다.

원조를 받던 최빈국에서
원조를 하는 선진국으로 도약

유엔과 세계은행 외국 언론들은 한국 정부의 이 결정에 대해 '우선순위가 잘못되었다', '학교보다는 식량 증산이 우선이다', '배고픈 사람들에게는 배움보다 빵이 우선이다'라며 한국 정부에 우려를 표시하며 정책목표를 수정할 것을 강력히 권고했다. 그러나 한국 정부는 학교 짓는 것을 밀고 나갔고 1950년대 말까지 3천여 개의 학교를 세웠다. 그리고 1960년대 초에는 취학률 96%를 달성하여 세계를 놀라게 했다.

이제 21세기, 70여 년 만에 원조를 받던 최빈국에서 원조를 주는 선진국으로 도약한 한국의 압축성장을 인류사의 기적이라 평가받고 있다.

연구하는 세계의 수많은 대학과 연구기관은 한국 성장의 배경에 정부의 교육에 대한 투자와 한국인의 교육열이 있었다고 분석한다.

하지만 그들은 한국 정부의 교육에 대한 투자, 한국인의 교육열 이전에 그보다 한발 앞서 한국의 미래를 준비하고 설계했던 사람들이 있었음은 알지 못했다. 아니 상상조차 하지 못했을 것이다.

한국전쟁이 한창이던 1952년 가을 피난지 천막학교에서 책상과 교과서도 없이 공부하던 학생들을 위해 〈학원〉이라는 학생잡지를 창간한 36살의 김익달, 그리고 26살의 나이에 그 〈학원〉 편집장을 맡은 최덕교 같은 사람들이 바로 그 주인공들이다.

그리고 김익달이 전쟁 중에 만든 '학원장학회'의 장학생으로 선발되어 대학을 졸업한 후, 평생을 후학을 기르는데 바쳤을 뿐만 아니라 이에 그치지 않고 학원장학회를 이어받아 '학원밀알장학회'로 발전시켜 우리 사회에 동량이 될 인재를 한 사람이라도 더 키워내려고 평생을 헌신한 사람도 있다.

한평생 학생들을 가르치고
밀알이 되고자 했던 그 사람

흔히 창업보다 수성이 더 어렵다고 하는데, "박원선"이 바로 그런 사람이다. 세상 사람들은 그를 알지 못하고 그를 기억하지 못할지도 모른다.

하지만 학원밀알장학회와 인연을 맺은 사람은 물론이고 아무런 인연을 맺지 않은 사람이라도 21세기 인류사에 기적이라는 한국에 사는 사람이라면 보이지 않는 곳에서 한평생 학생들을 가르치고 단 한 사람의 인재라도 더 키우고 한 알의 밀알이 되고자 했던 그 사람, 박원선 그의 삶을 기록하고 그의 이름을 기억하는 것은 우리들의 작은 의무라고 생각한다.

목차

2장 교사가 되다

1장
시련을 딛고

2009년 4월의 어느 날
─한 생명을 구하는 것은 온 세상을 구원하는 것

역사의 시련을 온몸으로 받아낸 소년
─학원 김익달 선사와의 인연 시작

서울대생 박원선
─작은아버지의 갑작스러운 죽음

대학생 박원선과 김익달
─우리나라 최초, 학원사 대백과사전

학보병 박원선
─한국전쟁 후 일시적으로 생긴 병역 제도

어린 동생들을 부둥켜 안고 한참을 울었다. 바로 밑에 동생 박국선이가 산에 올라가 언 땅을 파고 동생들과 함께 어머니를 묻어드렸다고 한다.

2009년 4월의 어느 날

— 한 생명을 구하는 것은 온 세상을 구원하는 것

 박원선은 2009년 4월 23일 일요일 아침, 미국 콜로라도주 콜로라도 스프링스 한인교회에 가기 위해 집을 나섰다.

미국에서 유학 중인 손녀를 보기 위해 2009년 2월 23일 미국에 들어와 손녀 밥도 해주고 집안일도 하며 나름 분주하게 지내고 있는데, 근처에 사는 친구가 조심스럽게 일요일에 자신이 다니는 교회에 잠시 나와 줄 것을 부탁했던 것이다.

박원선은 자신이 한국에서도 교회에 나가지 않는다는 것을 잘 아는 친구인지라 왜 굳이 교회에 나와 달라고 하는지 의아해했다. 교회 목사와 신도들이 박원선을 꼭 만나보고 싶어한다는 것이었다. 박원선을 꼭 만나고 싶어한다니, 그 사람들이 박원선을 알 리가 없는데, 친구는 점점 더 궁금해하는 박원선에게 강영우 박사 얘기를 꺼냈다.

강영우 박사가 자서전에 "오늘의 나를 있게 해준 것은 대학교에 입학하도록 도와주었던 박원선 선생님이고 그래서 오늘의 내가 존재한다.

선생님께 무한한 감사를 드린다"라고 썼는데 교민사회에서는 이 사실이 너무나 유명하다는 것이었다.

강영우! 박원선은 오래된 기억을 떠올렸다.

자신이 가르치던 강영우를 대학에 보내기 위해 대학마다 찾아다니며 맹인도 입학시험을 볼 수 있는 기회만이라도 달라고 절박하게 호소하던 기억이 아직도 생생한데 벌써 40년도 더 지난 일이라니.

강영우는 연세대학교 교육학과를 차석으로 졸업한 후 미국의 명문대학교인 피츠버그대학교에서 철학 박사학위를 받은 후 일리노이대학교 교수, 일리노이주 특수교육국장을 역임했을 뿐만 아니라 2001년 조지 W. 부시 행정부에서 백악관 국가장애위원회 정책차관보에 임명되기도 했다. 한국인의 미국 이민 100년 역사상 최고위직이었던 것이다.

그 후 강영우 박사는 유엔 세계장애위원회 부의장, 루즈벨트 재단 고문으로서 장애인의 복지와 권익 향상에 헌신하여 국제로터리 인권상을 받기도 하였다.

강영우 박사와 인연

미국이라는 낯선 환경으로 이민을 와서, 때로는 인종차별까지 받으며 고생하는 교민들에게 강영우 박사는 교민들의 자부심이며 롤모델이었다.

마국 한인교회 목사들은 강영우 박사 이야기를 설교에 자주 인용하여 교민들에게 힘과 용기를 불어넣어 준다고 했다.

콜로라도 스프링스 한인교회에는 평소보다 두세 배는 많은 사람이 모여 있었다. 한인 목사가 강단에 올라 강영우 박사의 생애에 대해 설교한 후, 말미에 오늘은 정말 특별한 분이 오셨다며 "강영우 박사의 은사님이신 박원선 선생님"이라고 소개했다. 그 자리에 있던 교민들은 모두 열렬히 박수를 치며 박원선을 환영했다.

박원선은 교민들의 눈빛에서 그들의 박수와 환영이 겉치레가 아닌 진심으로 느껴져 가슴이 뭉클했다. 사실 박원선에게 국립서울맹학교는 교사로서는 첫 부임지이기도 했지만, 특수교육과정을 이수하거나 그에 관한 전문지식이 전혀 없어 초반에는 시행착오도 많았던 것이다.

그저 강영우를 보며 자신이 앤 설리번 같은 교육자가 아니어서 해줄 수 있는 부분이 별로 없어 안타까웠던 적이 한두 번이 아니었던 것이다.

존경에서 청하는 악수

　예배가 끝나고 많은 교민이 박원선에게로 다가와 인사를 했
다. "강영우 박사님이 그렇게 존경하던 분을 오늘 이렇게 직접
뵙게 되다니 참 감사한 일입니다."

　어떤 사람은 아무 말 없이 악수를 청하고 조용히 고개를 숙여
인사를 했고, 어떤 사람은 같이 사진을 찍기도 했다. 그리고 많
은 사람이 박원선의 손을 잡기 위해 줄을 서고 있었다.

　강영우 박사는 부인 석은옥 여사와의 사이에 두 아들을 두었
는데, 장남인 강진석(폴 강)은 하버드대학 의대를 졸업한 후 조
지타운대학 의대 안과 교수로 부임하였다. 그리고 워싱턴안과
교수연합회 회장직을 맡으며 미국 최고의 안과의사로 뽑히기도
했다. 둘째 강진영(크리스토퍼 강)은 시카고대학을 졸업한 변호
사로 29세에 최연소 미국 상원 본회의 수석법률보좌관을 지냈
고 버락 오바마 정부의 입법관계 특별보좌관이 되었다.

　'한 생명을 구하는 것은 온 세상을 구원하는 것이다'라는 말이
있다. 박원선과 악수하기 위해 줄을 서서 기다리는 사람들은 알
고 있었던 것이다. 박원선은 강영우 한 사람만의 은사가 아니었
던 것이다.

역사의 시련을 온몸으로 받아낸 소년

—— 학원 김익달 선사와의 인연 시작

박원선은 1937년생인데 출생신고가 1년 늦어 1945년에 서울 종로구 수송동에 있는 수송국민학교에 입학했다.

집은 서울특별시 서대문구 영천동이었지만 어려서부터 총명하여 집안 어른들 눈에 띄어 종로구 통인동 근처에 살던 큰아버지 집으로 민적을 옮겨 서울의 명문이라는 수송국민학교에 입학할 수 있었다.

요즘으로 치면 명문 국민학교에 입학하기 위해 이른바 위장 전입을 한 것이다.

박원선은 집안 어른들의 기대대로 공부를 곧잘 하여 나중에 사법고시에 합격하여 판사가 된 조윤과 전교 1등과 2등을 번갈아 하곤 했다.

그러다가 6학년이 되던 1950년 6.25 한국전쟁이 발발하여 식구들과 함께 고향인 경기도 파주군 교하면으로 피난을 갔다.

일방적으로 밀리던 국군과 유엔군은 인천상륙작전으로 전세를 뒤집어 압록강까지 진출했으나 그해 겨울 중공군이 참전하면서 전황이 급속히 악화되어 사람들은 다시 남쪽으로 피난 가기 시작하였다.

당시 들리는 소문으로는 중공군이 오면 14살 이상의 남자는 모두 죽인다고 했다.

그러자 박원선의 어머니는 "원선아 너는 살아야 하지 않겠니? 피난 가거라"하며 주먹밥과 누룽지를 싸주며 서울 큰집으로 가라고 박원선의 등을 떠밀며 피난을 재촉하였다.

1950년 12월 20일 어서 가라고 혼자 등짐 지고 걸어가는 박원선에게 손을 흔드는 어머니를 본 것이 마지막 모습이 될 줄은 그땐 상상조차 할 수 없었다.

다행히 80리를 걸어 서울까지 와서 큰집 식구를 만나 함께 충청남도 청양군 정산면으로 피난을 가게 되었다. 그곳에서 남의 집 행랑채를 빌려 시작한 피난 생활에서 박원선이 할 수 있는 것은 산에 가서 나무를 해오는 것뿐이었다.

그것도 동네 근처는 전부 민둥산이어서 십리 길을 더 가야 나무를 해올 수 있었다.

고달픈 피난살이

봄이면 남의 밭을 좀 빌려서 고구마를 심기도 했는데, 하루만 지나도 잡풀이 생겨 매일 새벽에 나가 김을 매야 했다. 그럴 때 마다 손이 이슬에 젖고 그 이슬 때문에 기생충이나 곰팡이균이 달라붙어 손이 팅팅 붓고 가려웠다.

함께 피난 온 큰어머니 역시 피난살이에 그냥 있을 수 없어 5일마다 열리는 시골 장터를 돌아다니며 돗자리를 펴고 일용품 장사를 시작하였는데, 그 무거운 짐을 혼자 이고 다닐 수 없어 그 장짐도 박원선의 몫이 되었다.

오늘은 정산장, 내일은 더 멀리 미당장 이렇게 거의 매일 캄캄 한 새벽부터 장짐을 지고 큰어머니와 같이 장이 서는 곳을 찾아 다니는 것, 그것이 박원선의 피난살이었다.

그렇게 한 2년 동안 학교도 안 다니고 해 뜨면 김매고 나무하 고, 저녁이면 등잔불 밑에서 동네 사람들과 화투나 치며 지내다 보니 공부도 자연히 멀어졌다. 그때 나타난 사람이 박원선의 사 촌 형수였다.

"도련님처럼 공부 잘하는 사람이 이러고 계시면 어쩝니까? 학 교에 가서 공부하셔야죠."

사촌 형수는 박원선을 끌다시피 하여 정산중학교로 데려갔 다. 그러나 박원선은 6학년을 마치지 못한 채 피난을 왔으니 국 민학교 졸업장이 있을 리가 없었다. 정산중학교에서 받아 주지 않은 것은 어찌 보면 당연한 일이었다.

1952년 늦가을, 박원선은 할 수 없이 정산국민학교 6학년으로 편입했다.

전쟁에 어머니와 영영 이별

졸업시험을 일주일 앞둔 시점이었다. 박원선은 일주일 공부하고 졸업시험을 치를 수밖에 없었는데, 정산국민학교 6학년 150명 중 7등을 차지하여 담임 선생님을 깜짝 놀라게 했다.

서울의 명문 수송국민학교에서 전교 1, 2등을 하던 실력이니 피난살이에 한 2년 공부와 담쌓았다고 녹슬 리가 있겠는가. 그리고 1953년 1월 청양군청에서 실시한 중학교 입학시험에서 청양군 전체 1등을 차지하여 학교와 면사무소에 플래카드가 걸리기도 했다.

1953년 3월, 17살이 된 박원선은 전교 1등의 성적으로 정산중학교에 들어가 학비를 면제받았고 반장을 맡게 되었다. 하지만 학교생활이 고달프긴 매한가지였다.

오일장을 돌아다니는 큰어머니의 장짐은 여전히 박원선이 지게로 지고 다녀야 했으니 새벽부터 교복 입은 채로 장짐을 지고 인근 장에 가서 좌판을 펴놓고 다시 정산으로 돌아와 학교에 들어갔다.

새벽부터 장짐 지게를 지고 무려 30리 길을 왔다갔다했으니 웬만한 어른도 감당하기 어려운 고행이었다.

장짐을 지게에 지고 가다가 학교 선배를 만나도 경례를 할 수 없어 고개를 숙이고 지나가면 나중에 선배들에게 교실로 불려가 왜 경례도 안 하느냐면서 매를 맞기도 했다. 또 반장이니 선생님들이 선배들 시험지를 채점하라고 시키기도 했는데, 나중에 이 사실을 알고 선배들은 건방지게 자기들 시험지를 채점했다고 또 때리기도 했다. 참으로 고단한 시절이었다.

지게 한가득 무거운 장짐을 지고 가다가 선배에게 경례 안 했다고 매맞고, 선생님의 지시로 선배들 시험지 채점한다고 건방지다며 매맞고, '인생은 멀리서 보면 희극이지만 가까이서 보면 비극이다'라고 한 찰리 채플린의 말대로 체구가 작고 공부 잘한다고 선생님의 총애를 받는 박원선을 괴롭히는 것이 선배들에게는 재미있었을지 모르지만, 중학교 1학년 박원선에게는 참으로 힘든 시기였다. 그래도 결국 이를 악물고 버티어 냈다.

그러던 중 1953년 7월 휴전이 되어 1954년 봄에는 피난 생활을 끝내고 모두 서울로 올라가기로 했는데 박원선은 이제 막 중학교에 입학했으니 아는 집에 남아서 중학교를 졸업하고 서울로 올라가기로 이야기가 되었다.

1954년 여름방학 때, 박원선은 피난 떠난지 4년 만에 서울로 올라와 한달음에 어머니와 동생들이 있는 파주로 한달음에 달려갔다. 어머니가 등 떠밀던 언덕을 지나 고향집이 보이자 "어머니"하며 뛰어 들어갔다. 그러나 박원선을 본 어린 여동생들이 마구 울기 시작했다.

"엄니 죽었어, 오빠 피난 가고 나서 두 달도 안 되서 죽었어."

박원선은 아무 말도 나오지 않았다. 그저 어린 동생들을 부둥켜안고 한참을 울었다. 바로 밑에 동생 국선이가 산에 올라가 언 땅을 파고 동생들과 함께 어머니를 묻어드렸다고 한다.

고등학교 입학시험

박원선은 혼자 피난 간다고 어머니의 임종은 고사하고 어머니가 돌아가신 것도 모르고 살았던 것이 아닌가. 아버지는 전쟁 때 행방불명 되었다니 그동안 어린 동생들은 어떻게 살았다는 것인지, 그래도 동생들이 살아있다는 사실 만으로도 기적이고 감사한 일이 아닌가.

눈물이 주체할 수 없이 흘렀지만 이제 중학생에 불과한 박원선이 할 수 있는 것은 아무것도 없었다. 어린 동생들을 데리고 서울로 올라와 큰아버지 댁에 맡기고 박원선은 정산으로 다시 내려가야 했다. 중학교라도 빨리 졸업해야 뭐라도 할 수 있을 터였다.

박원선은 다시 정산으로 내려오면서 대양출판사의《입시 정해》라는 참고서를 사들고 왔다. 바로 이때 박원선의 인생에 전환점이 되는 기회가 찾아왔다. 1954년 11월 초 〈학원〉 잡지를 본 담임 선생님이 박원선을 부른 것이다.

"학원사에서 3기 장학생을 뽑는다더라, 가난하고 공부 잘하는 사람을 찾는다는데 원선이 네가 딱 맞네…"

이렇게 담임 선생님은 박원선을 '학원장학생'으로 적극 추천하며 신청서를 써주었다.

그런데 문제는 하루라도 빨리 서울로 올라가 서울에 있는 고등학교 입학시험을 보고 싶은데 박원선은 이제 중학교 2학년이었다. 전쟁이 끝난 지는 1년이 넘었지만, 중학교를 졸업하려면 1년 이상을 더 기다려야 했다. 어머니까지 돌아가셨으니 이제 집에는 어린 동생들만 있는 형편이었다. 친척 어른들이 서울에 있다지만 박원선 혼자 정산에 남아 있을 수 없었다.

박원선은 어떻게 하면 바로 서울로 올라갈 수 있을까를 궁리한 끝에 나름 기가 막힌 묘수를 생각해 내고 담임 선생님을 찾아갔다.

"선생님, 저 서울로 가야겠습니다. 서울에 있는 중학교로 전학 가는 게 아니고 그냥 고등학교 입학시험을 볼 거니까 원서 한 장만 써 주십시오."

"야, 이 미친놈아, 중학교 졸업장도 없는 놈이 무슨 고등학교 입학시험이야. 입학원서가 장난이냐?"

담임 선생님은 별 미친놈 다 보겠다며 벼락같이 호통을 치며 박원선을 교무실에서 쫓아냈다. 하지만 박원선이 경기고, 서울고, 경복고, 용산고의 입시요강을 알아보니 경기고, 서울고, 경복고는 중학교 1, 2, 3학년 3개년의 성적을 모두 지원서에 기재

하도록 되어 있지만, 용산고등학교만 유일하게 중학교 3학년의 성적만 기재하도록 되어 있었다. 박원선은 다시 담임 선생님을 찾아갔다. 자신이 서울에 꼭 가야 할 이유를 설명하고 담임 선생님을 설득했다.

5년 전에 파주 교하에 어머니와 동생들을 두고 혼자 피난 온 일, 어머니가 이미 돌아가셔서 서울 가서 가족들과 작은아버지 등 친척들을 찾아봐야 하는 것 등. 그 시절 누가 들어도 가슴이 찢어지고 눈물이 나는, 공감할 수밖에 없는 이야기들이었다.

한참 생각하던 담임 선생님이 박원선에게 물었다.

"그럼 중학교 졸업도 못하고 이제 2학년인데 어떻게 고등학교 입시를 보겠다는 거냐?"

"용산고등학교는 중학교 3학년 성적만 쓰게 되어 있으니까, 선생님께서 제2학년 때 성적을 참고해서 그냥 3학년 성적을 적당히 기재해 주시면 안 되겠습니까?"

성적을 그냥 조작해서 써달라는 얘기였다.

지금 같으면 말도 안 되는 얘기지만 그때는 전쟁이 끝난 지 1년 남짓이었다.

학교 행정도 제대로 정리되지 않았고 수업이나 교과 지도는 물론이고 제대로 된 교과서나 참고서 구하기도 어려운 시절이었다.

박원선의 끈질기고 절박한 요청에 담임 선생님은 결국 두 손을 들었다.

학원 장학생이 되다

담임 선생님이 어찌했는지는 모르겠지만, 교장 선생님도 박원선의 입학원서에 도장을 찍었다.

"야, 너 가서 제대로 해. 잘못되면 나뿐만 아니라 교장 선생님도 모가지야, 알지?"

이렇게 해서 결국 박원선은 1955년 1월 서울 용산고등학교 입학시험을 치르게 되었고 당당히 합격했다. 그런데 아이러니하게도 정산중학교 3학년에서 1등 하던 학생도 같이 입학시험을 쳤는데 떨어졌다고 했다. 그리고 1955년 2월 25일 박원선은 제3기 학원장학생 선발시험에도 당당히 합격하였다.

이렇게 박원선은 중학교 3학년을 건너뛰고 고등학교에 입학하여 제2기 학원장학생과 같은 학년이 되었고 그들과 같은 해에 대학교에 들어가게 되었다.

박원선이 학원장학생 2기와 같이 대학생이 된 것은 그때는 몰랐지만, 박원선의 인생에 커다란 전환점이 되었다. 또 박원선이 정산에 내려오면서 사 온 《입시 정해》를 출판한 회사가 대양출판사인데, 당시 학원 잡지를 펴낸 학원사의 전신이 바로 대양출판사였다.

이렇게 박원선과 학원 김익달, 그리고 학원장학회와의 인연은 이미 오래전부터 예정되어 있었던 운명이었는지 모른다.

서울대생 박원선

— 작은아버지의 갑작스러운 죽음

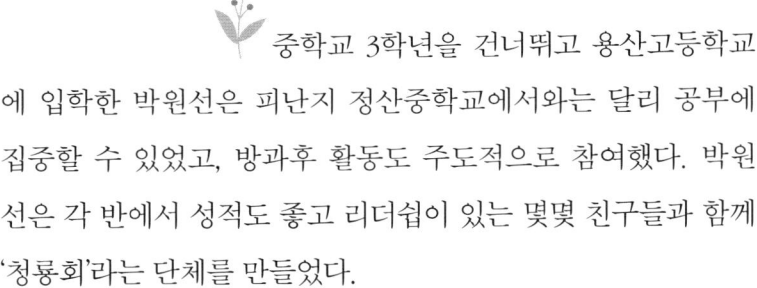 중학교 3학년을 건너뛰고 용산고등학교에 입학한 박원선은 피난지 정산중학교에서와는 달리 공부에 집중할 수 있었고, 방과후 활동도 주도적으로 참여했다. 박원선은 각 반에서 성적도 좋고 리더쉽이 있는 몇몇 친구들과 함께 '청룡회'라는 단체를 만들었다.

나름 미래의 대한민국을 이끌 지도자가 되겠다는 포부를 가진 모임이었던 것이다.

당시는 전쟁이 끝난 지 10년 남짓이라 고등학생들도 군조직과 유사하게 편제되어 군사훈련을 받고 있었는데 용산고등학교 대대장은 거의 청룡회에서 결정할 정도로 청룡회는 학교 안팎에서 위상이 높았다.

서울대 등록금 없어

고등학교 2학년 가을 무렵, 월반하여 용산고등학교에 합격하고 학원장학생까지 된 박원선을 지켜보던 작은아버지로부터 장래 문제 등에 대해 이야기해 보자는 연락이 왔다. 박원선의 작은아버지는 공부를 잘하고 심지가 굳은 박원선을 유난히 아꼈고 당시 작은 광산을 운영하고 있어 경제적으로도 어느 정도 여유가 있었다. 평소 박원선이 원한다면 미국 유학도 보내주겠다고 했던 것이다. 하지만 박원선에게 주어진 시련은 여전히 진행 중이었다.

설레는 마음으로 작은아버지 집에서 작은아버지가 들어오시도록 기다렸으나 한밤중이 지나고 새벽이 되도록 끝내 작은아버지를 만나지 못했다. 어두운 밤길을 달리던 자동차가 전복되어 작은아버지가 그만 돌아가셨다는 것이었다.

이제 미국 유학이 문제가 아니라 당장 대학에 갈 학비도 마련할 방법이 없었다. 당시에 학원장학생은 고등학교 졸업 시까지만 장학금을 주었고 대학교 등록금은 지원하지 않을 때였다.

박원선은 장래 과학자, 그것도 핵물리학자가 되는 것이 꿈이어서 미국 유학까지 생각했던 것인데 이제는 냉혹한 현실의 벽에 부딪힌 것이다.

고등학교 3학년이 된 박원선은 담임 선생님과 상의하여 그래도 학비가 싼 서울대학교 사범대학 물리학과에 지원하게 되었다. 이렇게 해서 박원선은 교사의 길에 들어서게 된다.

하지만 문제는 첩첩산중이었다. 서울대학교 사범대학 물리학과에 합격하였지만, 등록금 6만 환을 마련할 길이 막막했다. 작은아버지의 갑작스러운 죽음은 작은아버지의 사업을 위해 보증을 섰던 친척 어른들까지 파산 지경에 이르는 바람에 등록금을 융통할 형편이 안 되었던 것이다.

박원선은 운명이 그렇다면 어쩔 수 없다고 생각했다. 5남매의 맏이이고 사실상 가장인데 혼자 대학을 가야겠다고 고집을 부릴 수는 없었다. 하지만 인생은 어둠이 있으면 빛이 있는 것이 아니겠는가, 전쟁통에 학교도 제대로 다니지 못해 서울에 와서 버스 차장을 하던 두 살 아래 동생인 박국선이 등록금을 마련하지 못해 고심하던 형을 보고 그만 일을 저지른 것이다. 평소 얌전하고 남의 앞에서 큰소리 한번 안 내던 박국선은 엉뚱하게도 서대문경찰서를 찾아갔던 것이다.

당시 서대문경찰서는 박원선의 가족이 살던 영천동을 관할하는 경찰서이기도 했지만, 그보다 당시 이승만 정부의 2인자로 국회의장인 이기붕의 관저를 관할하는 곳인 만큼 서대문경찰서장의 위세는 대단했다.

경찰서장에게 빌린 등록금

박국선은 당연히 서대문경찰서 정문에서 경비병들에 막혀 경찰서에 들어가지도 못했다. 그러나 꼭 경찰서장님을 만나야 한다고 소리를 지르며 거의 난동을 부리다시피 했다.

결국 경찰서 정문의 소란 소식을 들은 경찰서장은 박국선을 서장실로 들어오도록 했다. 경찰서 앞에서 소란을 피운 연유라도 들어보겠다는 것이었다.

"서장님 저는 버스 차장인데 제 형이 서울대에 합격했는데 등록금이 없습니다. 서장님께서 등록금 6만 환만 해주시면 제가 버스 차장 월급에서 조금씩 갚겠습니다. 서장님 우리 형 대학등록금 꼭 좀 해주십시오."

서대문경찰서장 유훈은 느닷없이 경찰서로 찾아와 6만 환을 빌려달라는 절박한 모습의 박국선을 한참이나 바라보았다. 어이가 없다고 해야 하나, 당돌하다고 해야 하나 이제 갓 스무 살이나 됐을 것 같은 버스 차장이 다짜고짜 경찰서장실로 쳐들어와 제 형 등록금을 해 달라는 것이다. 눈빛에 간절함이 담겨 있어 허튼소리 같지는 않았다.

유훈은 조용히 있다가 금고에서 6만 환을 꺼내어 봉투에 담은 뒤 박국선에게 건네주었다.

"형한테 공부 열심히 해서 꼭 훌륭한 사람이 되라고 하더라고 전하세요."

박원선은 이렇게 두 살 아래 동생 박국선이 마련해 온 등록금 덕에 서울대에 입학할 수 있었고 그 후에는 입주 가정교사를 하며 학업을 계속할 수 있었다.

서울대 교복의 힘

　박원선은 서울대학교 사범대학 물리학과를 다니다가 학적보
유병(學籍保有兵: 1956년부터 1963년까지 존재했던 대한민국 병
역 제도. 이후 학보병)으로 입대하여 전방에서 근무할 때 대대
장의 심부름으로 서울에 올 일이 있었다.

　대대장이 자기 봉급과 피엑스(PX) 판매 수익금을 서울 자기
집에 보내려고 서울 지리를 잘 아는 병사를 찾기에 박원선이 지
원한 것이다. 그 덕에 며칠 휴가를 나올 수 있으니 오랜만에 가
족도 볼 수 있고 얼마나 좋은 기회인가. 그런데 버스를 타고 서
울로 오다가 너무 고단하여 깜빡 조는 바람에 소매치기를 당하
고 말았다.

　서울에 도착하여 눈을 떠보니 주머니에 있던 봉투가 사라졌
던 것이다. 자그마치 15만 원이나 되는 돈이었다. (1962년 6월
10일 긴급통화조치로 화폐 단위가 환에서 원으로 변경되었고,
당시 교사의 월급이 2만 원 정도였음)

　박원선은 도저히 그대로 집에 찾아갈 수가 없어 할 수 없이 김
익달을 찾아갔다. 김익달은 초췌하고 불안해하는 박원선으로
부터 자초지종을 들은 뒤 "너 무척 고심한 모양이구나, 조심하
지 않고…"라며 부모님께서 걱정하실테니 집에 가서 아무 말 말
라고 하고 봉투를 두 개 박원선의 손에 쥐어주었다. 하나는 잃
어버린 돈 15만 원이고 하나는 박원선에게 용돈으로 쓰라며 3만

원을 따로 챙겨준 봉투였다. 식사도 하고 목욕도 한 뒤 집에 들어가라는 것이었다. 박원선은 가슴이 뭉클해지고 저절로 눈시울이 붉어졌다.

이튿날 박원선은 청파동에 있는 대대장 집을 찾아갔다.

대대장 부인은 허름한 군복 차림의 박원선을 보더니 "내일 와서 개집 짜"라고 하는 것이 아닌가, 여기까지 오느라고 수고했다는 말은 고사하고 내일 다시 와서 나무로 개집을 만들라는 것이었다.

박원선은 자신을 마치 하인처럼 취급하는 대대장 부인의 태도에 화도 나고 어이가 없었지만, 일개 병사가 대대장 부인에게 어쩌겠는가, 흔히 하는 말로 남편이 대대장이면 부인은 장군이라지 않던가.

박원선은 곰곰이 생각한 끝에 그다음 날, 서울대 교복을 빳빳하게 다려입고 다시 대대장 집을 찾아갔다. 서울대학교 교복을 입은 박원선을 본 대대장 부인은 깜짝 놀라며 그 태도가 어제와는 180도 바뀌었다.

"서울대생이었어요?"

말투도 반말이 아니라 존댓말로 바뀌었다.

박원선은 교복 상의를 벗고 나무로 개집을 만들기 시작했다. 그러자 대대장 부인은 수고한다며 커피까지 내 왔다. 그러고는 언제 귀대하는지 대대장에게 보내야 할 것들이 있으니 귀대 전날 다시 들러 달라고 했다.

부대로 귀대하기 전날 박원선은 다시 대대장 집을 찾아갔다. 그러자 부인은 남편인 대대장에게 보낼 물건들과 함께 가다가 먹으라고 도시락까지 준비해 주었다.

당시에는 대학생이 참 귀했다. 더구나 서울대학교라면 아무리 돈이 많아도 들어가고 싶다고 들어갈 수 있는 대학이 아니지 않은가.

그 당시 서울대생은 그 자체로 벼슬이었고, 가족은 물론이고 동네의 자랑이었다. 모두가 인정하는 국가의 소중한 자산이고 국가의 미래를 이끌어 갈 인재였던 것이다.

대학생 박원선과 김익달

— 우리나라 최초, 학원사 대백과사전

1955년 제3기 학원장학생이 된 박원선은 처음으로 김익달 선사를 만나게 되었는데 김익달 선사가 장학회를 만든 것은 돈이 많아서가 아니라 오로지 돈이 없어 학업을 중단하는 학생을 한 사람이라도 더 도와 장차 이 나라를 이끌 인재로 키우려는 일념에서였다는 것을 알게 되었다.

1956년 학원사의 재정이 어려워 장학생을 선발하지 못했을 때는 박원선을 비롯한 장학생들이 김익달 선사를 찾아가 "선사님 우리 장학금 못 받겠습니다. 회사 사정이 나아지면 그때 받겠습니다"는 말을 올리기도 했다.

그러자 김익달은 장학생들의 손을 잡으며 "회사는 잘될 때도 있고 안될 때도 있는 거야, 곧 잘 되니까 너희는 걱정하지 마라"

고 하며 오히려 장학생들에게 짜장면 값을 쥐어 주었다.

1958년 학원사는 '세계대백과사전' 편찬에 회사의 모든 역량을 쏟아부어 자금이 바닥났고 마지막에는 백과사전을 출판할 종이를 살 자금조차 구하지 못해 출판계에서는 이미 빚더미에 올라 망해 버렸다는 소문까지 돌 지경이었다. 하지만 그런 와중에도 김익달은 사채를 얻어 장학생들에게 주었다. 장학금만은 날짜를 어긴 일이 없었다.

드디어 1958년 9월 15일 우리나라 최초로 대백과사전 1권이 출판되었고, 그 후 1개월 15일마다 1권씩 발간되어 1959년 5월 30일 대백과사전 제6권까지 완간됨으로써 우리나라는 세계에서 아홉 번째로 대백과사전을 보유한 나라가 되었다. 학원사 대백과사전은 당시 대한민국 건국과 함께 새로운 지식을 갈구하는 국민들의 폭발적인 수요를 불러일으켰고 1960년까지 무려 30만 부가 넘게 판매되었다고 한다.

술자리에 당당하게 합류

김익달은 한동안 중단되었던 장학생 선발을 다시 시작하여 1960년 2월 10일에는 제5기 학원장학생을 그전보다 2배인 25명을 선발했다.

장학생들이 찾아오면 만사를 제치고 같이 식사도 하고 장학생들에게 부지런히 공부하여 우리 사회가 선진국이 되는데 밑거름이 되는 밀알이 되라고 당부하기도 하였다.

그러다가 기분이 좋아지면 미성년자인 고등학생들과 대학교 신입생들은 집으로 돌려보내고 대학교 2학년 이상은 성인으로 대우하여 함께 무교동 스탠드바에서 맥주도 마시고 취기가 오르면 삼각동의 '거상'이라는 고급 한정식집에 가서 술잔을 기울이기도 하였다.

박원선은 제3기 학원장학생이지만, 중학교 3학년을 건너뛰고 용산고등학교에 입학하여 학원장학생 제2기와 같이 1958년에 대학생이 되었다. 따라서 박원선은 자연히 김익달과 함께하는 술자리에 당당하게 합류할 수 있었고 술이 취하면 김익달 선사와 어깨동무를 하고 신문로 선사님 댁에 가서 잠을 잔 것도 여러번이었다.

입주 가정교사를 하는 박원선이 술에 취한 채 밤늦게 들어갈 수는 없었기 때문이다. 그런데 그때마다 김익달 선사님은 아침 일찍 2층으로 새 와이셔츠를 가지고 와서 "옷 갈아입고 얼른 가라"고 했다.

70년을 한결같이

박원선은 자신의 사정을 너무나 잘 알고 있는 김익달 선사가 아침이라도 든든하게 먹여서 보내고 싶었겠지만, 그냥 보낼 수밖에 없는 그 마음이 얼마나 아프셨을까를 생각하며 집을 나오곤 했다.

대학생 때 김익달과의 이러한 인연은 박원선으로 하여금 '김익달 선사가 교주라면 나는 영원한 광신도로 남겠다'란 마음을 굳히는 계기가 되었다. 그 후 박원선의 삶은 그의 말대로 '김익달교'의 교리, 즉 '밀알정신'을 구현하는 삶이었다. 그리고 그 삶은 70년이 넘도록 한결같이 이어져 왔다.

학보병 박원선

── 한국전쟁 후 일시적으로 생긴 병역 제도

서울대학교 사범대학 물리교육과에 다니던 1961년 봄, 박원선은 학보병으로 자원입대하였다. 학보병이란 학적보유병의 줄임말로 단기학보병이라고도 했는데, 이는 대학 재학생이 현역으로 입대할 경우 당시 현역병 복무기간인 3년의 절반인 1년 6개월을 복무하면 이른바 귀휴 조치를 받을 수 있었다.

이는 전쟁 후 국가재건에 인재가 절실했던 국가에서 고학력자인 대학생에게 1년 6개월을 현역으로 복무하면 만기 전역이 아니라 6개월 이내에 복학할 것을 조건으로 귀가시키는 병역법상의 특혜 조치였다.

즉 귀휴병으로서 6개월 이내에 복학하면 남은 군 복무기간은 군 복무를 마친 것으로 인정하여 예비역으로 편입되고 만약 6개월 이내에 복학하지 않으면 지체없이 귀영해 남은 복무기간을 일반현역과 같이 동일하게 복무하여야 하는 것이다.

이러한 대학생에 대한 특혜 조치는 고졸 이하의 학력을 가진 병사들에게 엄청난 상대적 박탈감을 불러일으켰다. 못 배운 것도 서러운데 대학생이라고 자신들보다 사실상 1년 6개월이나 일찍 제대한다니 말이 되느냐는 것이었다.

이 때문에 일반병의 학보병에 대한 시기와 질투는 물론이고 학보병에 대한 구타와 가혹행위는 상상을 초월했다. 결국 일반병의 가혹행위를 견디지 못한 서울대 문리과대학 천문기상학과에 재학 중이었던 최영오 일병의 상관인 정 병장과 고 상병 살해 사건이 터졌다.

최 일병 사건은 우리 사회에 엄청난 파장을 불러일으켰고 학력에 의한 군 복무 차별을 가져오는 학보병 제도에 대한 부작용을 심각하게 고려하게 되었고 결국 1963년에 폐지되었다.

당시 군인은 문맹이 많았다

박원선은 논산훈련소에서 신병훈련을 마치고 휴전선 최전선인 육군 6사단 향로봉대대에 배치되었다. 향로봉은 강원도 인제군과 고성군의 경계에 있는 해발 1,296m의 고지로 금강산의 마지막 봉우리로 북으로는 금강산, 남으로는 설악산으로 연결되는 백두대간의 길목이었다.

그만큼 작전상 중요한 고지이기에 6·25 한국전쟁 때에는 폭격과 포격으로 해발 고도가 3m나 깎여나간 곳이었다. 또 북한과 지리적으로도 가까운 곳이기에 청명한 날에는 북한의 금강산이 보일 정도였다.

박원선은 소위 명문대 재학 중 입대한 학보병이었던 만큼 작전계에 배치되었다.

군부대에서 작전계란 부대 운용, 작전계획, 훈련 등과 같은 업무를 수행할 뿐만 아니라 필요한 경우에는 교육, 정훈, 정보, 보안, 통신업무도 함께 보는 이른바 군부대의 핵심 조직인데 요즈음 대기업에서의 기획조정실 같은 곳이라고 할 수 있다.

박원선이 작전계에서 향로봉 중대에 배치된 병사들의 인적 구성을 살펴보니 박원선과 같이 대학을 다니다가 입대한 학보병도 더러 있었지만, 대부분은 농촌에서 농사짓다가 영장을 받고 입대한 농사꾼으로 문맹자가 많았다.

1960년대 초반 당시 최전방부대의 열악한 복무환경은 차마 말로 표현하기 어려울 정도였지만 상관이나 선임의 부당한 폭력이나 얼차려는 군기 확립이라는 명목하에 관행처럼 자행되는 실정이었다. 그런데 이러한 부당행위를 시정하고자 익명으로 하는 서면 청원제도인 이른바 '소원 수리'라는 것이 있었지만 문맹자들은 글을 모르니 '소원 수리'도 그림의 떡일 수밖에 없었다. 또한 최전방에 배치된 병사들이 문맹이니 기본적인 '야전교

범'조차 읽을 줄 모른다는 것은 군부대의 실제 전력에도 심각한 영향을 미칠 수밖에 없었다.

군 사령부에서 병사들의 절대다수가 문맹이라는 사실을 심각하게 받아들이고 이를 해결하기 위해 군부대 내 공민학교를 설치하였다.

무학자를 공민학교로

공민학교란 한국전쟁 후 글을 모르거나 형편이 어려워 학교 다니지 못한 사람들을 위해 세워진 일종의 대안학교로 초등 과정과 중등 과정이 있었는데, 1960년대 초에는 650여 개가 설립되어 전국 방방곡곡에 공민학교가 있었다.

이런 민간에서의 공민학교를 모델로 하여 군부대 내에도 공민학교를 설치하여 문맹인 병사들을 모아 한글을 가르치도록 한 것이다. 하지만 최전방부대의 병사들은 훈련과 총기 수리, 경계 근무뿐만 아니라 진지 공사, 막사 짓기, 작전도로 건설과 정비 등 공부는 고사하고 몸으로 때우는 사역이 많아 담배 한 대 피우는 휴식조차 마음대로 갖기 어려운 실정이었다.

사정이 이렇다 보니 각 중대의 작전계에서는 중대장 등의 눈치를 살펴 자기 중대에서는 공민학교에 보내는 병사 수를 한두 사람만 형식적으로 써내는 경우가 많아 공민학교는 사실상 그 실효를 제대로 거두지 못했다. 하지만 박원선은 고향에 계신 부모님께 간단한 안부 편지는 고사하고 자신의 이름조차 제대로 쓸 줄 모르는 병사들을 그대로 둘 수 없었다.

박원선은 군부대의 끝판왕 행정병이라는 작전계 보직을 최대한 활용하여 중대 내에서 글을 제대로 읽고 쓸 줄 모르는 병사들은 모두 군부대 내의 공민학교에 보내어 공부하도록 도와주었다.

하지만 얼마 안 가 박원선은 이 때문에 혹독한 대가를 치르게 되었다. 예나 지금이나 군부대는 봄이 되면 진지 공사를 한다며 병사들을 밤낮으로 닦달을 하고 얼차려하는 것을 밥 먹듯이 하는데 향로봉 중대는 최전방이었으니 말할 나위도 없었다. 더구나 전쟁이 끝난 것도 아니고 휴전상태로 중단된 지 10년도 채 되지 않은 최전방이니 그 살벌한 분위기는 전시 상황이나 매한가지였다.

그런데 진지 공사를 해야 할 병사들 태반이 사라졌으니 사고가 나도 이만저만한 사고가 아닌 것이었다. 중대장은 작전계의 박원선을 추궁했고 박원선은 어쩔 수 없이 사실대로 말할 수밖에 없었다. 병사들을 공민학교에 보내서 공부하도록 했다고….

"야, 이 새끼야 니가 뭔데? 오, 서울대 다니다가 온 학보병이라 중대장은 눈에 보이지도 않는다? 야 이 호로새끼야, 니가 중대장이야? 니가 그 새끼들 애비라도 돼?"

중대장은 불같이 화를 내고 워커로 박원선의 조인트를 사정없이 깠다. 그래도 분이 안 풀렸는지 머리를 땅에 박게 하고 지

휘봉으로 엉덩이며 등짝을 사정없이 후려갈겼다. 정말 참기 힘든 모욕과 고통이었지만 군대는 군대고 상관은 상관이니 어쩔 수 없는 일 아닌가?

그 일 이후 박원선은 학보병을 곱게 보지 않는 중대장의 심기를 건드리지 않기 위해 작전계 업무를 더욱 철저히 수행하며 눈에 띄는 행동을 하지 않도록 조심했다. 하지만 사병들을 공민학교에 보내는 일은 그만둘 수 없었다. 다만 중대장의 눈에 띄지 않게 그리고 심기를 거스르지 않게 인원과 시간을 조정했다. 그 후에도 구타와 얼차려는 가끔 있었지만 그래도 국방부 시계는 어김없이 돌아갔다.

몇 개월 후 공민학교를 졸업하고 한글을 깨우쳤다면서 부모님께 직접 쓴 편지를 들고 온 병사들을 보며 박원선은 내심 흐뭇해했다. 어쩌면 박원선은 그때 자신을 장학생으로 뽑아주고 항상 따뜻하게 격려해 준 김익달의 마음이 이런 것인가 하고 생각했을 것이다.

2장
교사가 되다

국립서울맹학교 교사 박원선
−또 다른 꿈을 꿀 수 있게 만든 선생님

교사 박원선
−모든 학생들의 아버지

제16기 장학생 강수돌
−고려대학교 경영대학의 교수가 되다

한 사람이라도 더
−누군가의 남편으로 누군가의 아버지로 성장

무슨 일이든 '돈을 번 다음에 해야지'라고 생각하는 것은 늘 아무것도 하지 않겠다는 말과 같은 것이라고 생각했다.

국립서울맹학교 교사 박원선

── 또 다른 꿈을 꿀 수 있게 만든 선생님

1965년 9월 박원선은 국립서울맹학교 교사로 첫 발령을 받았다. 난생처음 교단에 서게 된 것이다. 지금은 특수학교 정교사 자격증이 있어야 하지만 그 당시에는 발령 적체가 심했을 뿐만 아니라 제도도 정비되지 않아 특수성을 가리지 않고 발령이 난 것이었다.

교실에 들어서니 교실 정중앙 앞쪽에 교탁과 의자가 있고 학생 10여 명이 앉을 수 있는 책상과 의자가 교탁을 중심으로 'ㄷ'자로 배치되어 있었다.

칠판도 없고 분필도 없었다. 아, 그렇지 여기는 맹학교니까 칠판과 분필이 필요가 없구나. 박원선은 특수교육과정을 이수한 적이 없어 정상인에 대한 교육만 생각했지 맹인에 대한 교육은 생각지도 못했던 것이다.

교사로서 첫 부임지

순간 박원선은 자신의 어린 시절 가혹했던 운명을 탓했던 것이 얼마나 사치스러운 감상이었나를 깨닫게 되었다. 자신보다 더 힘들고 사회의 그늘에 가려져 잘 보이지 않는 이들도 많았던 것이다.

또 이들을 제대로 가르칠 교재가 없어서 밤새 손이 부르트도록 알루미늄판을 쪼는 사람들도 있었다.

박원선은 그들을 위해 무엇을 할 수 있는지 생각했다. 그들에게도 배움의 길을 열어주자.

그들도 책을 읽을 수 있고 뉴턴의 사과나무를 이야기하고 저 하늘의 별을 이야기할 수 있게 하자.

박원선에게 교사로서의 첫 부임지가 국립서울맹학교였던 것은 지난날 힘들었던 시절을 돌아보고 앞으로 교사로서의 삶의 이정표를 세우는 계기가 되었다.

박원선은 숙직하는 날 교실을 둘러보았다. 모든 교실이 깜깜했다. 그런데 한편에서 책 읽는 소리가 들렸다. 처음에는 불도 안 켜고 책을 읽는 게 의아했지만 이내 깨닫게 되었다. 점자책이 있고 촉감만 있으면 되니까 전등불이 필요 없었던 것이다. 박원선은 자신이 아직도 정상인의 입장에서 사고하고 있다는 걸 깨닫고 교사로서 많이 부족함을 느꼈다.

1965년 9월 하순 박원선이 숙직을 하고 있는데, 고등부 1학년 생인 강영우가 숙직실로 찾아왔다. 강영우는 첫 부임지가 맹학교임에도 학생들 입장에서 생각하고 서툴지만 하나라도 더 가르쳐 주려고 애쓰는 박원선의 진심이 느껴졌는지 박원선을 잘 따랐다.

박원선은 보통 한 달에 두세 번을 숙직하였는데 그때마다 강영우는 숙직실로 찾아와 공부와 삶, 대학 진학 등에 관해 많은 대화를 나누었을 뿐만 아니라 자신이 시력을 잃게 된 이야기도 털어놓는 등 속마음을 보이기도 했다.

제자 강영우

강영우는 중도 실명이라 맹인이 가지고 있는 본능적인 감각은 부족할지 모르지만, 일반 맹인보다 많은 장점을 가지고 있었다. 14살까지 정상인이었기 때문에 모든 사물에 대한 인식을 공유할 수 있었고 점자가 아닌 우리 문자, 영어알파벳, 숫자, 색채 등에 대한 감각 등 일반 맹인이 체험해보지 못한 경험을 가지고 있었다.

강영우는 강한 의지와 노력으로 장애를 극복하여 사회에 적응하려고 노력했다. 하지만 맹인으로서 감내하기 어려운 일들로 절망할 때도 많았다.

박원선은 그런 강영우를 보며 "영우야, 너는 보는 것만 못하지 듣고 말하는 것은 정상인과 똑같지 않니? 농아는 겉으로는 멀쩡해 보이지만 듣지 못하고 말하지 못하는 이중 장애가 아니냐. 너도 알겠지만 헬렌 켈러는 장님에다, 벙어리고 귀머거리로 삼중 장애인데도 결국 극복하지 않았니? 너는 훨씬 잘할 수 있다"라며 위로했다.

박원선은 자신이 앤 설리번 같은 훌륭한 교육자가 못되어 강영우를 좀 더 잘 지도할 수 없는 것이 안타까울 따름이었다.

강영우는 고등부 2학년이 되면서 대학입시 준비를 위해 밤을 새워가며 공부했고 박원선이 숙직하는 날이면 어김없이 찾아와 수학뿐만 아니라 물리, 화학 같은 문제도 질문했다. 강영우는 가끔 미국에서 강영우를 후원하는 양아버지 편지를 들고 오기도 했는데, 양아버지는 편지에서 영우의 건강 문제, 공부, 생활의 어려움, 경제적 문제까지 세세하게 챙길 정도로 자애로운 사람이었다.

박원선은 외국인이 타국에 있는 맹인 학생에게 부모 이상으로 정성을 다하는 편지와 함께 학비, 생활비, 건강 보조식 등을 골고루 함께 보내는 모습을 볼 때마다 부럽기도 했고 한편으로는 같은 동포인 자신이 강영우에게 해줄 수 있는 것이 별로 없는 것 같아 부끄럽기도 했다.

최초로 수학여행을 떠나다

　박원선은 맹학교 학생들과 함께 지내오면서 그들 역시 정상인과 같은 어린 학생으로서 이 세상 많은 것에 대한 호기심이 있고, 다양한 꿈도 있고, 하고 싶은 것들도 많다는 것을 알고 마음이 아픈 적이 한두 번이 아니었다. 초임 교사인 자신은 특별한 능력도 없고 가진 것도 없으니 학생들의 호기심과 꿈을 위해 해줄 수 있는 것이 뭐가 있단 말인가.

　"선생님, 보지는 못해도 숲속에 들어가서 싱그러운 공기도 마시고 풀냄새, 나무에 스치는 바람 소리, 새소리, 물소리도 듣고 싶어요."

　"선생님, 바닷가 모래사장에서 뛰어보고 싶고 파도 소리, 바닷바람 냄새, 갈매기 소리도 듣고 싶어요."

　어린 학생들은 박원선에게 그동안 하고 싶었던 이야기를 봇물처럼 쏟아냈다.

　박원선은 그들의 간절한 바람을 듣고 생각해 보았다. 많은 학생을 데리고 학교 밖으로 나가는 것은 위험천만한 일이지만 자원봉사자들의 도움을 받고 철저한 계획하에 세심한 주의를 기울이면 가능할 것 같았다.

　박원선은 학생들을 데리고 수학여행을 가기로 마음먹고 1년 동안 차근차근 준비하기 시작했다. 외국의 실제 사례도 조사하고 학부모들의 동의도 받고 학교도 설득했다.

특히 당시 서울맹학교 교장이었던 이종덕 선생님은 자신이 맹인이었고, 1931년 동경맹학교 고등사범과 교육을 받은 사람으로서 박원선의 수학여행 계획을 적극적으로 후원해 주었다.

1967년 가을, 박원선은 한국 맹학교 역사상 최초로 수학여행을 실행했다. 교사, 자원봉사자, 약시가 있는 학생들이 맹인 학생들의 손을 잡고 서울역에서 전라선 야간열차를 탄 것이다. 모두 26명이었다.

학생들은 열차에 올라 신나게 기타를 치고 다 함께 노래를 불렀다. 맹인 학생들이 수학여행을 간다는 사실이 알려져 다른 칸에 탔던 승객들이 몰려들어 함께 박수치며 학생들을 격려해 주었다. 야간열차가 학생들의 공연장이 된 것이다. 이를 지켜보는 박원선은 뿌듯한 감동에 눈시울이 붉어졌다. 맹학교 학생들도 수학여행을 갈 수 있음을 확인한 것이다. 수학여행을 갈 수 있으면 또 다른 일도 할 수 있고 또 다른 꿈도 꿀 수 있는 것이다.

맹인이 최초로 대학 입학시험 치르다

1967년 말 서울의 각 대학은 1968학년도 신입생 모집 요강을 발표하기 시작했다. 강영우는 밤을 새워가며 입시 준비에 몰두했던 만큼 자타가 공인하는 4년제 명문대학에 가고 싶어 했다. 하지만 현실의 벽은 너무 높았다.

국공립대학과 사립 명문대학 여러 곳에 입학원서를 제출하러

갔지만, 원서를 받아 주는 곳이 없었다. 사실상 대학 진학이 불가능해지자 강영우의 낙담은 이루 말할 수 없이 컸다. 중학교 2학년 때 실명한 후 오로지 대학을 가겠다는 목표로 그 오랜 세월을 버티며 노력했는데, 맹인이라고 입학원서조차 받아 주는 곳이 없으니 그 마음이 어떠했겠는가. 강영우는 절망감에 흐르는 눈물을 주체하지 못했고 이를 지켜보는 박원선도 울었다.

하지만 박원선은 강영우를 가르친 교사였다.

차가운 현실의 벽에 부딪혔다고 그냥 포기하고 울고만 있을 수는 없었다. 그래서 박원선은 마지막으로 다시 연세대학교를 찾아갔다.

기독교 이념인 사랑과 평등, 인간다운 삶의 실현을 목적으로 설립된 연세대학교마저 맹인이라는 이유로 입학원서 접수를 거절한다면 장애인은 어떻게 대학 교육을 받을 수 있겠느냐고, 제발 시험이라도 볼 수 있게 해 달라며 담당 교수의 손을 잡고 애원했다. 박원선의 교사로서의 진심을 안 담당 교수는 눈시울을 붉히며, 입시 담당 교수회의를 열어 다시 논의하겠다고 하였다. 다음날 입학원서를 접수하라는 연락을 받았다. 고맙고 기쁜 마음을 이루 말로 다 할 수 없었다. 하지만 입학시험을 보는 것은 간단한 문제가 아니었다.

당시는 점자로 된 시험문제도 없었고 점자로 작성할 수 있는 답안지도 없었다. 그렇다고 강영우만을 위해 새로이 점자로 된 문제지를 만들 수도 없었다. 박원선은 담당 교수들과 입시를 치르는 방식을 협의했다.

시험 보는 장소는 교수실로 하고 강영우 왼편에 담당 교수가 앉아 시험문제를 읽어주면 강영우가 듣고 답을 구술하기로 했다. 그러면 강영우 오른쪽에 앉은 박원선이 강영우가 구술한 답을 답안지에 받아 적기로 했다.

그리고 임시 담당 직원이 박원선 앞에 앉아 박원선이 강영우의 구술대로 답을 받아 적었는지 확인하고 또 다른 직원은 녹음기로 모든 대화를 녹음하기로 했다.

시험을 치르는 방법이 번거롭고 복잡했지만, 당시로써는 부정을 막고 공정하게 시험을 치를 수 있는 최선의 방법이었던 것이다.

맹인 제자가 연세대학교 합격

강영우는 이러한 복잡한 절차에 따라 시험을 치렀다. 모든 문제에서 구술하는 과정이 반복되어 일반 학생들이 시험 치는 시간보다 더 걸렸지만 다른 방법이 없었다. 강영우는 연세대학교 교육학과에 우수한 성적으로 합격했다.

대학 당국은 깜짝 놀랐고 교수들의 인식도 바뀌게 되었다.

1968년 3월 강영우는 연세대학교에 입학했고 1972년 봄 연세대학교 교육학과를 차석으로 졸업했다.

강영우의 연세대학교 입학과 졸업은 일반대학이 맹인들에게

문호를 개방하는 결과를 가져왔다. 장애인들에 대한 교육 기회의 평등, 지금 생각하면 너무나 당연해 보이는 것들이지만 한국 전쟁이 끝난 지 10여 년 남짓, 1인당 국민소득 120달러의 가난한 나라 대한민국에서는 쉽지 않은 일이었다. 하지만 국립서울맹학교 교사 박원선은 이렇게 신생 독립국 대한민국에서 처음으로 맹인 제자 강영우를 정당한 입학시험을 치르게 하고 연세대학교에 입학할 수 있는 길을 열었다.

교사 박원선

1986년 6월 17일 서초구 방배동 낡은 아파트로 퇴근하는 박원선의 발걸음은 무거웠다. 오늘은 학교에서 보너스가 나오는 날이지만 아내에게 줄 수 있는 것은 여전히 빈 월급봉투뿐이기 때문이다.

막내딸 혜정이가 언제나처럼 아빠를 반긴다. 큰딸 영신과 강수돌 학생은 아직 귀가하지 않은 모양이었다. 음식점 일을 하는 아내 주경지가 귀가한 것은 이미 밤이 늦은 시간이었다.

박원선은 멋쩍은 듯 빈 월급봉투를 아내에게 내밀었다.

"수고하셨네요. 봉투 속은 안 봐도 되겠지요…?"

아내는 이미 알고 있다는 듯 미소 지으며 빈 월급봉투를 소중한 권리문서라도 되는 것처럼 안방 서랍 안쪽에 넣어두었다. 이미 그 서랍에는 빈 봉투가 차곡차곡 쌓여 있었다.

"여보, 미안해. 당신도 많이 힘들텐데….'

박원선은 월급날이면 늘 하던 말을 또 한다. 몇 푼 되지도 않는 교사 월급이지만 그것마저 제대로 갖다 주지 못한지 벌써 20여 년이었다.

음식점을 하는 아내는 늘 빈 월급봉투만 가져오는 남편을 타박하지 않았고 갈 데 없다고 데리고 들어온 학생들도 군말 없이 식구로 받아들여 주었다. 숟가락 하나 더 얹으면 되는 일이라며 미안해하는 남편 마음을 배려해 주었다.

남편이 받는 월급은 어려운 학생들에게 책 사주고 어떤 학생에게는 1년 치 등록금까지 미리 내주고 집에 데려온 강수돌에게는 학원 다닐 때 내는 학원비 대주고 대학생이 된 이후에는 기죽지 말고 대학 생활 알차고 멋지게 하라고 용돈까지 넉넉히 주는 것으로 쓰였다는 것을 잘 알기 때문이다.

주경지는 음식점 일로 매일 밤늦게까지 일하느라 몸은 고되었지만 그런 남편이 자랑스러웠고 또 매일 늦게 귀가하는 자신을 대신해 두 딸을 자상하게 살펴주는 남편이 고맙고 든든했다.

상담 선생님

박원선은 1965년 9월 국립서울맹학교 교사로 발령받아 교육계에 몸담은 지 벌써 20년이 훌쩍 지났다. 박원선이 1년 전에 발령받은 염창중학교는 1985년 5월에 개교한 신설 학교였다. 과거 조선 시대에는 서해안 염전에서 채취한 소금을 한강변 마포까지 운반했는데 소금이 유실될 것에 대비해 이곳에 소금 창고를 지은 것에서 염창동이라는 지명이 생겼다고 한다. 따라서 주변 일대는 주택보다는 주로 공장들이 많아 교육 여건이 썩 좋은 편은 아니었다.

박원선은 부임한 지 얼마 안 되었지만, 담임을 맡고 있는 2학년 2반 학생들의 신상을 훤히 꿰고 있어 누가 무단결석이라도 하면 가정방문을 해서라도 학교를 중퇴하거나 가출 등 다른 문제가 발생하는 것을 미연에 방지하도록 부모와 상담하고 또 설득했다.

박원선은 점심시간이나 체육 시간에 다른 학생들이 모두 운동장이나 식당으로 몰려나가는데 같이 나가지 않고 책상에 엎드려 있는 학생을 발견하면 다른 반 학생 일지라도 그냥 지나치지 못했다. 박원선은 그 학생을 상담실로 불러 왜 친구들과 어울리지 않는지, 어디가 아픈지, 어떤 고민이 있는지를 자상하게 묻고 학생의 고민을 함께 들어주려고 했다. 학생은 처음에는 '아무것도 아니에요' '선생님은 상관마세요' 하다가도 박원선의 어눌하지만 진심 어린 말과 눈빛을 보고 이내 고민거리를 털어놓곤 했다.

중학생들의 고민은 생각보다 다양하고 복잡했다. 친구들로부터 따돌림당하는 얘기, 이성 간의 미묘한 갈등, 부모의 갈등에서

오는 고민, 학교 성적에 대한 걱정과 진로 문제 등 모두 단번에 해결하기는 어려운 문제였지만 박원선은 학생들의 고민을 끝까지 들어주고 우선 해결할 수 있는 한 가지부터 제시하면서 학생들과 소통을 이어갔다.

이러한 박원선의 방식과 진심은 곧 학생들에게 퍼져 박원선은 '아버지' 같은 선생님으로 불리기 시작했다.

김익달 선사의 뜻을 실천

박원선은 그 어려웠던 중학교 시절 김익달 선사와 학원장학회를 만나지 못했으면 과연 지금 이렇게 교단에 설 수 있었을까를 생각했다.

김익달 선사가 "세상에서 받은 빚을 세상에 다시 돌려주어라"라고 늘 얘기하였듯이 박원선은 지금 당장 학생들을 위해서 할 수 있는 것이 무엇인지를 생각했다.

무슨 일이든 '돈 벌은 다음에 해야지'라고 생각하는 것은 늘 아무것도 하지 않겠다는 말과 같은 것이라고 생각했다. 박원선이 얼마 되지 않는 교사의 박봉을 털어가면서까지 사정이 딱한 학생들을 돕고자 하는 것은 지금 당장 할 수 있는 것이 그것뿐이기 때문이다.

사실 갈 곳 없는 박상복과 강수돌을 집으로 데려와 학업을 계속할 수 있도록 하는 것은 박원선 혼자서는 할 수 없는 일이었다. 아내 주경지의 이해와 적극적인 후원이 있기에 가능한 일이었다.

박원선은 참 대단할 일을 한다고 말하는 주변 사람들에게 늘 이야기했다.

"가장 고마운 건 제 아내입니다. 중·고등학교 선생이라는 직업이 무슨 월급이 많겠습니까? 그런데도 집에 와 머무는 재수생들을 자기 자식처럼 아끼고 보살피면서 오히려 흔들리는 저에게 힘을 주고 격려를 합니다."

그리고 박원선은 시간을 쪼개서 단국대학교 대학원 특수교육 과정을 공부하고 있었다. 다시 맹학교로 발령난다면 전보다는 좀 더 전문지식을 가지고 잘 가르치고 싶기 때문이다.

제16기 장학생 강수돌
── 고려대학교 경영대학의 교수가 되다

1980년 초, 대학입시를 며칠 앞두고 학원 장학재단 업무를 보고 있던 신혜자로부터 연락이 왔다. 지방에서 서울로 대학 입학시험을 치르러 상경하는 장학생들을 집에 유숙시킬 수 없겠냐는 것이었다.

지방에서 대학입시를 위해 올라오는 장학생들이 서울에 아무 연고가 없는 경우가 많아 머물 곳이 마땅치 않았고 경비도 넉넉지 않아 값싼 여관에 머물다가 연탄가스 등 사고라도 나면 낭패가 아니냐는 것이었다.

정말 겨울철만 되면 매번 수백 명이 연탄가스 중독으로 사망하던 때였다. 이는 개인의 부주의라기보다는 60~70년대 서울이 급격하게 인구가 팽창하면서 주택과 아파트를 날림으로 지어 빠르게 공급한 탓에 부실 공사가 많아 벽과 방바닥이 갈라진 곳이 많았으며 거기다 당시 난방과 조리용 연료로 쓰인 것이 연탄이기 때문이었다.

박원선은 신혜자로부터 연락을 받고 마산에서 제16기 강수돌이 올라오면 입학시험이 끝날 때까지 흑석동에 있는 자신의 집에 유숙시키기로 했다.

그런데 오후 늦게 강수돌에게서 전화가 왔는데 84번 종점이라는데 흑석동이 아니라 반대쪽 종점인 화계사라고 했다. 결국 강수돌은 다시 84번 버스를 타고 반대쪽 종점인 흑석동으로 와 종점에서 기다리고 있던 박원선을 만나게 되었다.

강수돌은 서울대학교 사회과학대학 경제학과를 지원했는데 가장 걱정됐던 수학 과목도 비교적 잘 봐서 기뻐했는데 결과는 뜻밖에도 불합격이었다.

강수돌은 크게 실망하고 그냥 경남 마산으로 내려가겠다고 하였다. 박원선은 그냥 경남 마산으로 내려가면 변변한 학원도 없어 재수하는 동안 제대로 공부하기도 쉽지 않고 가정 형편도 어려워 강수돌이 마음 편하게 공부만 하고 있을 수도 없는 것은 뻔한 이치였다.

박원선은 강수돌에게 "우리집에 와서 입학시험을 보러 다닌 것도 인연인데 불편하더라도 우리집에서 서울에 있는 종로학원에 다니며 재수를 하라"고 권유했다.

이렇게 해서 강수돌은 박원선의 집에서 숙식을 하며 재수를 하게 되었다. 강수돌은 촌음을 아껴 쓰듯 공부에 매진했고 한번은 종로학원에서 전체 수석을 한 성적표를 집으로 가져와 모두를 기쁘게 했다.

가족이 된 강수돌

박원선은 강수돌이 집에서 재수하는 동안 친자식처럼 돌보며 용돈을 줄 때도 여간 조심스러운 것이 아니었다. 아내 주경지도 식사 준비는 물론이고 어린 두 아이 등 다른 가족들과도 잘 지내도록 세심하게 배려해 주었다.

1981년 초, 1년 동안 절치부심하며 열심히 노력하던 강수돌은 서울대학교 경영대학 경영학과에 합격하여 본인은 물론 옆에서 지켜봐 온 박원선 부부에게 큰 기쁨과 보람을 안겨 주었다. 그런데 호사다마인가, 정부에서 발표한 과외 전면금지 조치에 강수돌은 크게 실망하고 말았다.

강수돌은 대학에 합격하기만 하면 기숙사로 들어가고 과외를 해서 학비와 생활비를 충당할 수 있으니 충분히 자립할 수 있었다고 생각했던 것이었다.

박원선은 이런 강수돌을 보며 "수돌아 지금 상황에선 과외를 할 수 없으니 우리 애들을 돌봐주고 그냥 우리 집에서 대학을 다녀라"고 했고 아내 주경지 역시 강수돌에게 그냥 집에서 지내라고 했다.

당시 박원선과 주경지에게는 두 딸이 있었는데 초등학교 5학년과 유치원생이었다. 이렇게 해서 강수돌은 대학을 박원선 집에서 다니게 되었는데 박원선은 자신의 대학 생활 때 경제적으로 너무 힘들었던 기억이 떠올라 강수돌은 보람되고 알찬 대학 생활을 하도록 해주고 싶었다. 그때는 버스표 한 장이 없어 청량리에서 서대문까지 걸어서 다니던 때였다. 용돈도 충분히 주고 싶어 당시 돈으로 매월 5만 원 정도 주었다. 아마도 이건 박원선이 김익달로부터 받은 은혜를 세대를 건너 보답하는 것인지도 몰랐다.

김익달은 장학생들에게 늘 "제군을 길러낸 이 풍토에 한 줌의 기름진 흙을 보태라는 것이다. 우리들 주변에는 도움이 필요한 새싹들이 얼마든지 있다. 제군의 손으로 그들에게 한 줌의 흙이라도 북돋아 준다면 그것이 결코 헛되이 되지 않을 것이니 힘이 다하는 한도에서 정성을 다하며 제군이 받은 밑거름을 한층 더 보람있게 해주기 바란다"고 강조했던 것이다.

사실 박원선에게는 평생 잊지 못할 기억도 있었다.

박원선이 최전방에서 학보병으로 근무할 때 대대장이 자기 봉급과 PX판매 수익금을 모두 자기 집에 보내라고 서울 출신 병사를 찾기에 박원선이 자원한 일이 있었다. 그런데 버스를 타고 서울로 오다가 깜빡 조는 바람에 그 많은 돈을 소매치기당하여 분실하고 말았던 것이다.

어려운 집 형편을 너무나 잘 아는 박원선은 도저히 그대로 집에 들어갈 수가 없어 할 수 없이 김익달을 찾아갔다.

서울대학교 학생회장

김익달은 초췌하고 불안해하는 박원선을 보고 안쓰러워하며 "너 무척 고심한 모양이구나, 조심하지 않고…"라며 부모님께서 걱정하실테니 집에 가서 아무 말 말라고 하고 잃어버린 돈에다 용돈까지 손에 쥐어 준 일이 있었다. 박원선은 그 일을 회상할 때마다 가슴이 뭉클해지고 눈시울이 붉어 옴을 느꼈다.

강수돌은 박원선의 바람대로 대학 생활을 알차고 활기차게 했고 3학년 때에는 학생회장에 당선되기도 했다. 그 때문에 담당 형사가 박원선을 찾아와 강수돌 군을 잘 지도해 달라고 부탁하기도 했다.

학생회장이라고 하면 학생운동의 동의어와 마찬가지인 그 시절이었기 때문인데 박원선은 자신의 대학 생활을 생각하면 그런 강수돌이 부럽기도 하고 걱정스럽기도 했다.

강수돌이 1984년 졸업반이 되니 가정 형편을 생각해서 취업해야 할지 대학원 진학을 해서 공부를 계속해야 할지 고민할 때에도 박원선은 "설마, 산 입에 거미줄 치랴? 당장 눈앞에 보이는 돈보다는 본인이 궁극적으로 하고픈 일을 해야 한다"며 강수돌이 원하는 대학원에 진학하여 학문의 길을 가도록 격려했다.

결국 강수돌은 1980년 3월부터 1987년 4월까지 박원선 집에 유숙하며 석사과정까지 마쳤다. 그리고 1987년 4월 19일 학원 장학생 제17기 조경선과 결혼하게 되었다.

강수돌은 결혼 시 당연히 박원선에게 주례를 간청하였으나 박원선은 이를 사양했다. "너와 경선이 두 사람 모두 밀알 회원이니 우리 장학재단의 경사이고 밀알 회원의 축제가 아니냐? 그렇다면 1기 선배님도 계신 데 내가 주례라니 말도 안 된다"는 것이 박원선의 생각이었다.

학원장학생 부부

결국 강수돌은 박원선의 말대로 학원장학생 제1기 선배인 유재천의 주례로 여의도에 있는 학원사 강당에서 간소하게 결혼식을 올렸다. 예복도 비싼 드레스가 아닌 전통한복을 입고 입장했다. 축가도 양희은의 〈아침이슬〉을 합창했다. 당시 군사정부 시절이었던 것을 감안하면 참 겁 없고 주례 유재천의 주례사처럼 '신선한 충격'이었다.

그 후 강수돌은 석사장교를 가기 위해 시험을 보았는데 성적은 극히 우수했지만, 대학 시절 학생운동 전력 때문에 석사장교 부적격 판정을 받아 불합격했다. 하지만 이 역시 강수돌에게는 전화위복이었던 같다. 강수돌은 군에 입대하여 수송사령부에 근무하며 유학 준비를 위해 독일문화원에서 독일어 공부를 했는데 성적이 우수하여 장학금을 받으며 공부했고 때마침 포항

제철에서 박사학위 공부를 위해 해외로 유학 가는 학생에게 장학금을 제공하는 선발 시험이 있어 이에 응시하여 우수한 성적으로 합격하여 독일 유학에 오르게 되었다.

독일에서 박사학위를 마친 강수돌은 본인이 원하는 대로 고려대학교 경영대학의 교수가 되었다. 아내인 조경선과의 사이에 3남매를 둔 가장이 되었다. 장학생 부부인 만큼 장학생 수련회, 연말 총회에 빠지지 않는 것은 물론이고 빠듯한 월급에도 후배들을 위한 장학 성금도 꼬박꼬박 기부하고 있다.

강수돌, 조경선 역시 김익달과 박원선의 뜻을 이은 우리 사회의 밀알인 것이다.

한 사람이라도 더

—— 누군가의 남편으로 누군가의 아버지로 성장

 신혜자로부터 급한 전화를 받았다. "상
의할 일이 있다"는 것이었다.

1977년 1월 하순 박원선은 학원장학재단 업무를 맡고 있는
신혜자에게 연락이 왔다. 신혜자는 학원장학생 3기로 박원선과
는 학원장학생 동기인데 지금은 김익달을 도와 장학재단에서
장학생 선발과 관리 등 궂은일을 도맡아 하는데 워낙 성실하고
정이 많은 성품이라 장학생들을 하나하나 친동생들처럼 보살피
는 사람이었다.

그런 사람이 급히 상의할 일이 있다며 현직 교사인 박원선에
게 연락한 것은 필시 장학생과 관련된 일일 터였다.

양평동 학원장학재단 근처 음식점에서 만난 신혜자의 이야기

는 이런 것이었다.

방법을 찾아서

학원장학생 제16기 장학생 선발을 위해 서류심사를 거쳐 서류심사 합격자 45명을 발표한 뒤 며칠 후 오후 늦게 강원도 인제에서 어떤 학생이 재단 사무실로 찾아왔다는 것이었다. 남루한 옷에 누렇게 바래 다 떨어진 운동화를 신은 초췌한 모습이 너무 안쓰러워 자초지종을 알아보니 "서류가 미비하여 보충하느라고 시간이 걸렸고 우편으로 보낼 수 없어 직접 가지고 왔다"는 것이었다. 또 저녁때가 되었는데도 재단 사무실을 제대로 찾을 수가 없어서 점심도 못 먹고 헤매다가 겨우 찾아왔다며 "시험만 볼 수 있도록 해주시면 원이 없겠다"고 했단다.

당시 학원장학생은 1기와 마찬가지로 각지의 중학교로부터 추천을 받은 학생 중에서 서류심사를 통해 최종 선발 예정 인원 수의 3배수를 합격시킨 뒤 필기시험과 면접을 통해 최종합격자를 선발하는 것이었다.

신혜자는 그 학생의 사정이 딱하여 재단 이사장에게 보고하지 않을 수 없었는데, 김익달은 "처지는 딱하지만, 장학재단 공신력에 관련 문제이고 예심인 서류심사가 이미 끝나고 합격자 발표까지 해서 어쩔 수 없다"고 한다는 것이었다.

신혜자는 울면서 돌아간 그 학생이 너무 불쌍한데 구제할 방도가 없겠느냐는 것이었다. 한 사람이라도 더 도와주고 싶어 하는 신혜자의 마음을 잘 아는 박원선도 너무나 안타까웠지만, 장학생 선발은 김익달의 말대로 공적인 일이니 개인의 사정을 일일이 헤아려 가면서 할 수는 없는 일이니 박원선도 달리 뾰족한 방법이 없었다,

1977년 2월 14일 학원장학생 선발시험은 예정대로 실시되었고, 최종적으로 16명의 장학생이 선발되었다. 그러나 박원선은 내내 마음이 편치 않았다. 그 인제중학교에서 왔다는 박상복 학생이 그 어려운 가정 형편에서 과연 학업을 계속할 수 있을지, 또 앞으로 그의 장래는 어떻게 될지 많은 생각이 꼬리에 꼬리를 물고 떠올랐던 것이다.

결국 박원선은 언제나 자신을 든든하게 지지하고 후원해 주는 아내 주경지에게 박상복 학생에 관한 이야기를 털어놓았다. 아무래도 박상복 학생을 그냥 모른 척할 수가 없고 만약 그 학생이 정말 학원장학생이 될만한 실력과 자질이 있다면 개인적으로도 돕고 싶다고 이야기했다.

아내 주경지의 든든한 지지를 받은 박원선은 서두르지 않고 우선 상황을 정리하여 방법을 생각해 보기로 했다. 만약 박상복 학생이 인제중학교를 다녔지만, 학원장학생이 될만한 실력을 갖추었다면 가정 형편상 서울 등 도시로 나가지는 못했을 것이고 강원도에서 명문으로 손꼽히는 춘천고등학교에 입학했을 가능성이 높았다.

대학 낙방 후

박원선은 신학기가 시작된 지 한 달 후 1977년 4월 춘천고등학교를 찾아가 교장 선생님을 만나 현직 교사인 자신의 신분을 밝히고 그간의 사정을 얘기하고 혹시 인제중학교를 졸업한 박상복 학생이 있는지 확인을 부탁했다.

한참을 기다린 후 춘천고등학교 교감 선생님이 인제중학교에서 온 박상복 학생이 있다는 것을 확인해 주었다. 박원선은 자신의 생각이 맞았다는 사실에 뛸 듯이 기뻤다. 역시 장학생이 될 만한 실력이 있었구나.

박원선은 교감 선생님에게 "박상복 군의 3년간의 전학비를 제가 개인적으로 부담하겠습니다. 그 대신 제가 누구라는 것을 비밀로 해주시고 교감 선생님께서 학비를 보관해주시고 후견인이 되어 상복이를 잘 지도해 주십시오"라고 부탁하고 서울로 돌아왔다. 묵혔던 숙제를 해결한 것처럼 돌아오는 길이 그렇게 가볍고 즐거울 수가 없었다. 울면서 인제로 돌아갔을 박상복. 이제 비공식적이지만 또 한 명의 16기 장학생인 것이다. 상복아 열심히 공부해다오. 그리고 꼭 건강해라. 박원선은 즐거운 가운데에도 간절히 기도하는 마음이었다.

그 후 춘천고등학교 교감 선생님으로부터 연락이 왔는데 "박원선 선생님같이 훌륭한 분은 강원도 교육감에게 표창 상신을 하겠다"는 것이었다. 박원선은 기겁하며 교감 선생님을 간신히

말릴 수 있었다.

박상복 군은 가정교사를 하면서 힘들게 학업을 계속했다. 고려대학교 법대를 지원했는데 떨어졌다고 했다. 박원선은 "고등학교 3학년 중 1년 동안만이라도 하숙을 시키고 가정교사를 안하고 마음껏 공부할 수 있게 시간 여유를 주었으면 대학에 충분히 합격할 수 있었을 텐데 왜 그렇게 무관심했을까?"라는 자책감에 마음이 무거웠다.

박상복은 대학 입학시험에서 떨어진 뒤 연락이 두절 되었고 따로 찾을 방도가 없었다. 1981년 봄 제11기 학원장학생 김진범이 서울대학교 치과대학을 졸업하고 군에 입대하게 되었다며 박원선에게 인사를 왔다. 김진범은 학교생활도 모범적이었지만 밀알회 활동에도 적극적이라 후배들에게도 든든한 선배였다.

무의촌에 배치가 되었는데 임지가 강원도 춘천에 가까운 곳이라고 했다. 박원선은 김진범 군에게 주말에 시간이 나는 대로 인제중학교와 춘천고등학교를 졸업한 박상복 학생을 꼭 찾아보고 거처나 연락처를 확인하면 알려달라고 당부했다. 그리고 두 달째가 지난 1981년 초여름 마침내 박상복의 거처를 찾았다는 소식이 왔다.

김진범은 장학회 선배인 박원선의 부탁을 흘려듣지 않고 주말이면 박상복을 찾아 인제중학교와 춘천고등학교 주변을 찾아가 수소문했고 결국 박상복의 본적지까지 찾아가 그 친척을 만나 박상복의 가족 소식을 알아냈다고 한다. 박상복은 형편이 더

욱 어려워져 가족과 함께 파주에 있는 민통선 안에 조성된 정착
촌으로 들어갔다는 것이었다.

의형제 같은 친구

박원선은 김진범으로부터 박상복의 소식을 듣고 아내 주경자
와 함께 지체 없이 경기도 파주군 민통선 안에 있는 정착촌으로
달려갔다. 박원선 부부는 거기서 박상복을 만나지는 못했지만,
처음으로 박상복 군의 부모를 만나게 되었는데 박원선 부부를
보고 너무너무 고맙다며 머리가 땅에 닿을 정도로 절을 했다.

박상복은 고려대학교에 낙방한 뒤 바로 군에 입대했다고 했
다. 그 후 박상복은 연로하신 부모님과 어려운 가정 형편을 이
유로 6개월 만에 의가사 제대를 하게 되었고 다시 열심히 공부
해서 1981년 연세대학교 법과대학에 합격하여 지금 서울에서
지내고 있다고 했다. 전화위복이란 이런 것인가.

박원선 부부는 박상복이 서울로 올라와 연세대학교에 다니고
있다는 말에 뿌듯하고 안도하는 마음으로 서울로 돌아왔고 바
로 박상복과 연락하여 실로 5년여 만에 대학생이 된 박상복을
만나게 되었다.

기쁜 마음도 잠시 작은 키에 초췌하고 피곤해 보이는 허약한
모습이 박원선의 마음을 아프게 했다. 서울에서 택시 운전하는
형님의 사글세에 의탁해서 학교에 다니고 있어 학비를 벌어야

했고, 왼쪽 무릎에 관절염이 있어 성한 몸이 아니였던 것이다. 이런 상태로 어떻게 내 손으로 학비를 벌면서 공부를 계속할 수 있다는 말인가. 박원선은 다시 아내 주경지에게 상의하여 특단의 조치를 취할 수밖에 없었다.

"상복아, 너를 제대로 돌봐주지 못해 미안하다. 그런 역경에서도 훌륭하게 성장했구나. 16기 장학생 강수돌이 우리집에 있다. 너도 장학생이 되었으면 같은 동기생이다. 우리집으로 가서 함께 생활하자. 수돌이가 기뻐할 것이다."

이렇게 해서 박상복은 강수돌과 한 방을 쓰며 박원선의 집에서 연세대학교를 다니게 되었는데 강수돌이 많이 배려해 주었고, 그 후에도 친형제처럼 지내게 되었다.

결혼, 드라마 같은 이야기

박상복은 그다음 해에 연세대학교 기숙사로 옮겼다. 기숙사 비용은 주경지가 부담해주었다. 박상복은 사법고시에 뜻이 있어 꾸준히 준비하였으나 학비의 일부라도 벌기 위해 아르바이트를 해야 해서 여유롭게 공부만 할 수 있는 여건은 못 되었다.

연세대학교 법과대를 우수한 성적으로 졸업하고 포항제철 법무 요원으로 특채되었지만, 사법고시 준비를 위해 포기했다. 그러나 사법고시에는 운이 따르지 않았는지 연이어 불합격했고 결국 대한석탄공사에 입사하여 강원도 장성광업소에서 근무하게 되었다. 그런데 1987년 겨울, 느닷없이 박상복으로부터 결혼하게 되었다는 연락을 받고 박원선은 너무 기뻤으나 한편으로는 의아한 생각이 들었다.

물론 나이로 보면 결혼할 때가 되었지만 사법고시에 연이어 떨어지고 이제 대한석탄공사에 입사한 지 얼마 되지 않아 '아직 가정을 이룰만한 여건이 안 되었을 텐데'라는 생각이었다. 그런데 나중에 사정을 알고 보니 참으로 기상천외하고 드라마 같은 스토리가 있었다. 박상복은 모든 면에서 결혼하기에는 열악한 조건이라 스스로 배우자를 찾아야 한다는 생각에 회사 근처인 강원도 태백시에 있는 철암중학교를 찾아갔다는 것이다.

박상복은 철암중학교 교장 선생님을 찾아가 "제가 연세대학교 법대를 졸업하고 현재는 대한석탄공사에 근무하며 사법고시를 준비하고 있는데 제가 결혼할 선생님을 교장 선생님께서 소개해주시면 감사하겠습니다"라고 당돌하고도 용감하게 부탁했다는 것이다. 이 말을 들은 교장 선생님은 '참 보기 드문 청년'이라며 생각하고 가정과 이범숙 선생을 소개해주셨고 결국 결혼에 이르게 되었다는 것이다.

지역 유지가 되다

결혼 후에도 박상복은 사법고시에 계속 도전하였으나 직장과의 병행은 쉽지 않았고 결국 회사가 구조 조정하는 과정에서 대한송유관공사로 자리를 옮기게 되었고, 직장을 옮긴 뒤에도 사법고시에 대한 미련을 버리지 못했다.

사법고시에 연속 실패하다 결국 직장을 그만두고 아내가 직장을 다니고 있던 원주로 내려가서 오로지 사법고시에 매진하였으나 운이 따르지 않았다.

"사법고시는 3~4회 응시해서 안 되면 실력이 없어서가 아니라 법을 보는 관점이 달라서니까 그만 포기해야 한다"고 충고하면 늘 "이제 한 번만 하고 그만두겠다"는 말을 되풀이했다. 늘 그렇듯이 고시생을 남편으로 둔 아내의 고생은 말로 표현할 수가 없었다. 박원선은 이러다가 결혼생활까지 위기가 오는 건 아닌가 하고 걱정이 되었는데 결혼한 지 9년 만에 아들을 낳았다.

이제 박상복은 처자식을 거느린 가장이 되었다. 아무런 수입도 없이 아내의 월급에 기대어 생활하기가 민망했는지 사법고시를 포기하고 공인노무사 시험을 보고 합격했다. 30대 중반의 나이에 원주에서 노무사 사무실을 열었는데 세상 물정에도 어둡고 주변머리도 없는 사람이 사무실이나 제대로 꾸려갈 수 있을지 걱정이 되어 박원선은 고려대학교 교수가 된 강수돌에게 원주에 가서 도움을 줄 수 있는 방법이 있는지 알아보라고 부탁했다. 강수돌은 원주에 가서 노동운동을 하는 지역 인사도 소개시켜 주고 이미 공인노무사를 하고 있는 사람들도 소개시켜 주어 여러모로 박상복에게 도움을 주려고 애를 썼다.

그리고 몇 년 후 박원선도 얼굴을 볼 겸 원주로 가서 박상복이 노무사 사무실을 제대로 운영하고 있는지 살펴보았다. 박원선의 걱정은 기우였다. 박상복은 원래가 그랬던 것처럼 머리도 좋고 성실해서 공인노무사로서 성공하여 지역의 유지로 대접받고 있었고 세 식구가 살기에 넉넉한 아파트도 장만하였고 부인은 치악중학교에 근무하고 있었다.

아들 박재순은 아홉 살의 초등학교 학생이었다. 돌이켜보면 장학생 원서도 제출하지 못하고 울면서 돌아갔던 인제중학교 3학년의 어린 박상복이 이제 40대의 가장이고 원주의 공인노무사로서 지역 유지가 되어 있었던 것이다. 이제는 안심해도 될 것 같았다. 박원선은 이렇게 어눌하지만 순수한 소년 박상복을 알게 해준 동기 신혜자나 친형제처럼 잘 지내주고 도와준 16기 장학생 강수돌, 무의촌에서 군의관으로 복무하면서 주말마다 시간 내어 기어이 박상복을 찾아 준 김진범, 그리고 무엇보다 언제나 자신을 믿고 마음을 보태준 아내 주경지 모두에게 감사한 마음이었다.

유대 경전인 탈무드에는 '누구든지 한 생명을 구한 자는 온 세상을 구한 것과 같다'는 말이 있다. 박원선은 원서 마감일이 지나 장학생 지원서를 들고 찾아온 박상복을 끝까지 포기하지 않고 찾아내서 우리 사회에서 당당한 일원으로서 누군가의 남편으로 누군가의 아버지로 자립할 수 있게 해주었다.

박원선이 구한 것은 박상복 하나가 아닌 것이다.

3장
밀알회와 밀알장학재단

밀알회
−사회와 국가에 대한 봉사 · 헌신 · 희생을 추구하는 네트워크

장학 기금 모금 도예전
−밀알회에게 무엇이 정답이었을까

다시 서울맹학교 교단에 선 박원선
−맹학교 전설처럼 내려오는 이야기

하동 소년 소녀 가장 돕기 운동
−주경지 여사와 함께

밀알회와 학원장학회
−선친이 처음 학원장학회를 설립한 취지

밀알장학재단 설립
−세상에 밑거름이 되어 새로운 밀알의 싹을 틔움

서울맹학교에서는 박원선 선생님이 다시 온다는
소식을 듣고 교사들과 학생들이 운동장에 나와 북과
꽹과리를 치며 축제 분위기에 들떠 있었다.

밀알회

── 사회와 국가에 대한 봉사 · 헌신 · 희생을 추구하는 네트워크

1957년 3월 제1기 학원장학생이 대학교에 입학하였고 그해 2월에는 제4기 학원장학생 13명을 선발하여 학원장학생 수는 49명에 이르렀다. 이에 장학생들은 회원수가 증가함에 따라 회원 상호 간의 연락과 친목을 강화할 필요성을 느껴 '장학생 회지'를 발간하기로 하였다. 제1기생 도진영, 유재천, 이경자 등 주축이 되어 1957년 10월 학원장학생들의 회지인 〈이삭〉 창간호를 발간하였다.

함께라면 무엇인들

회지의 제호를 〈이삭〉으로 한 것은 "가을의 보람인 이삭과 홍

시와 밤, 대추, 가을의 마음인 낙엽이 흩날리던 10월에 간행되었기에 그렇게 제호를 붙였으며, 이 계절에 〈이삭〉을 내는 뜻은 저 하늘같이 맑아지라는 뜻이요, 열매같이 보람 있으라는 뜻이다"라고 하였다.

또한 〈이삭〉 창간호 서문은 "···50인의 사람이 모인 단체가 있다면 그들의 힘이 모여서 안 되는 일이 무엇이겠으며 무서울 것이 무엇이 있겠습니까? 반드시 강한 힘이 될 수 있으리라고 믿습니다. 이것을 중추신경으로 삼아 좀 더 명랑하고 힘차게 앞으로 앞으로 한 발짝 한 발짝 역사를 창조해 나가지 않으시렵니까?"라며 함께 힘을 모아 사회와 국가에 봉사·헌신·희생하겠다는 젊은이다운 패기를 보여 주었다.

〈이삭〉 창간호는 비록 손으로 쓰고 등사기로 프린트한 10여 쪽에 불과한 회보였지만 학원장학생들 간의 친목을 도모하고 서로의 생각과 뜻을 나누는 소통의 장이 되었다. 하지만 〈이삭〉은 창간호 이후 한동안은 이어지지 못했다. 1950년대 후반 한국 사회의 정치적·사회적 혼란과 '대백과사전' 편찬에 따른 학원사의 재정 위기 등으로 학원장학생들의 모임도 활성화되지 않았던 까닭이다.

학원장학생들의 회보가 속간된 것은 4·19혁명 이후 우리 사회가 안정을 되찾기 시작한, 그리고 학원사도 '대백과사전' 발간 성공으로 위기를 극복하고 중흥의 발판을 마련한 1960년 5월이 되어서였다.

회보의 제호를 〈이삭〉에서 〈밀알〉로 변경하였다.

계절의 감각도 다른 이때 그대로 〈이삭〉의 제호를 쓰기가 어색하고 연간회지보다는 수시로 연락과 통신이 가능한 월간으로 내는 것이 낫겠다는 편집위원들의 의견이 일치되어 제호를 〈밀알〉로 변경하였다고 한다.

장학사업을 세계로

제1기 학원장학생 도진영은 속간사에서 "우리 서로서로가 하나의 이삭에 속한 밀알들로써 현재와 같은 우의 속에서 사회와 국가에 봉사·헌신·희생할 수 있는 밀알들이 되자는 것이다"라고 밝혀 학원장학생들이 친목과 우의를 다지는 목적이 사회와 국가에 대한 봉사·헌신·희생에 있음을 명백히 했다.

1960년 3월 제1기 학원장학생 김해도가 서울대학교 정치학과를 졸업함으로써 학원장학생 중에서 최초로 대학 졸업생이 탄생했다.

이렇게 학원장학생들이 대학을 졸업한 후에 사회에 진출하는 사람의 수가 하나둘 늘어나게 되자 이들은 〈밀알〉 회보에 밝혔던 것처럼 서로의 우의를 다지고 밀알정신을 계승하여 사회에 봉사할 수 있는 모임을 만들게 된다. 밀알회는 이렇게 탄생했다. 사회와 국가에 대한 봉사·헌신·희생을 추구하는 밀알 회원들의 네트워크를 만든 것이다.

2026년 현재 밀알회는 회원수가 1천 명이 넘는 단체로 성장했다. 밀알회가 현재 하는 일 중 가장 중요한 일은 바로 김익달 선사가 평생의 사업으로 생각했던 인재 양성을 위한 장학사업을 이어받아 이를 더욱 확대하고 실천하는 일이다.

최근에는 장학사업을 국내에만 한정할 것이 아니라 해외에 거주하는 고려인이나 아프리카나 동남아시아 개발도상국에서도 장학생을 선발하자는 논의가 활발하게 이루어지고 있다.

박원선은 1979년 12월 제3기 학원장학생 동기인 장기욱의 뒤를 이어 밀알회 회장을 맡았다. 밀알회는 단순히 밀알 회원들의 친목과 우의를 다지는 것만이 목적이 아니었다.

사회와 국가에 대한 봉사·헌신·희생을 추구하며 받은 은혜를 후배에게 되돌려 주는 밀알정신을 구현하기 위한 것임을 박원선은 잘 알고 있었다.

밀알 회장 박원선이 가장 먼저 한 일은 장학 기금 모금행사를 개최하는 일이었다.

장학 기금 모금 도예전

— 밀알회에게 무엇이 정답이었을까

김익달은 6·25 한국전쟁이 한창이던 1952년 11월 중·고생 잡지 〈학원〉을 창간함과 동시에 대양출판사 내에 '학원장학부'를 설립하였고, 1953년 2월 22일 제1기 학원장학생 12명을 선발함으로써 장학사업을 시작하였으나 특별한 여유자금도 없이 출판사의 수익으로 장학사업을 계속한다는 것은 보통 사람으로서는 할 수 없는 일이었다.

김익달은 출판사의 부침과는 관계없이 장학사업을 이어갈 수 있도록 가족들이 살고 있는 주택과 학원사가 가지고 있는 지형 106종을 기본 재산으로 하여 1961년 1월 10일 '재단법인 학원장학회'를 설립했다. 이제 출판사가 어려워지더라도 마음대로 장학사업을 그만둘 수 없게 아예 제도적으로 정착시킨 것이다.

장학재단을 위하여

김익달은 1974년 1월 출판사를 장남 김영수 등에게 물려주고 오로지 장학사업에 전념하기 위해 양평동 사옥과 전 재산을 처분하여 여의도동 1의 500번지 대지 342평에 장학회관을 신축하였으나 회관 신축 시 끌어 쓴 사채 때문에 준공한 지 5개월 만에 여의도 장학회관을 처분할 수밖에 없었다.

김익달은 장학회관을 처분한 뒤 부채를 청산하고 나머지 금액 1억 6천여만 원을 정기예금하여 이를 장학회의 기본 재산으로 삼았다. 하지만 정기예금이자 외에 별다른 소득이 없었던 김익달은 장학금을 지급하기 위해 사무실 비용도 줄이고 차비 한 푼도 아끼기 위해 걸어다니거나 불가피한 경우에만 택시를 탈 정도였다.

결국 학원장학회는 1979년 1월 8일 제18기 장학생 11명을 선발한 이후 5년간 장학생을 선발할 수 없었다. 이러한 상황에서 1979년 12월 제3기 박원선이 밀알 회장을 맡은 것이었다. 박원선은 부회장인 제5기 청파 이은구와 장학재단에 재정적인 도움을 줄 수 있는 방안에 대해 논의했다.

청파 이은구는 원래 건축학을 전공하였으나 우리나라 전통 도기인 분청사기에 매료되어 이천에 청파요를 설립하고 정진에 정진을 거듭하여 이미 분청사기의 대가로 이름이 높았다. 자연히 장학 성금 모금을 위해 도예전을 열자는 쪽으로 의견이 모아졌다.

당시 서울에서는 아파트 문화가 확산되면서 여유 있는 사람들이 아파트로 많이 입주하던 시기였다. 새로 지은 아파트 거실에 고급스러운 도자기는 장식용으로도 최고였으므로 도예전이면 충분히 성공할 수 있다고 생각했던 것이다.

청파는 그 성격 또한 시원시원하여, "회장님 제가 물심양면으로 돕겠습니다. 제가 보유하고 있는 도자기에다 이번 도예전을 위한 도자기도 추가로 만들어서 기부하겠습니다. 기본 재료비만 제외하고 모두 장학 성금으로 쓰시죠"라며 흔쾌히 도예전 개최에 동의하였다.

뜻밖의 손님이 찾아왔다

이렇게 해서 박원선은 장학 기금 모금을 위한 도예전을 기획했고 장소는 서울에서 가장 번화하고 시설도 최고급인 소공동의 롯데백화점 본점의 롯데 화랑에서 1980년 6월 26일부터 7월 1일까지 개최하기로 했다. 물론 전시할 도자기는 청파 이은구가 전시일 전까지 청파요에서 모두 준비하기로 했다.

뜻이 있으면 길이 있다고 했다.

도예전 준비에 분주하던 박원선에게 뜻밖의 손님이 찾아왔다. 아내 주경지가 상도동 약수암에 갔다가 그곳에서 요양하고 있던 큰스님을 만나 집으로 모셔 왔다는데 바로 월산스님이었다.

월산스님은 조계종 총무원장으로 1970년 불교, 천주교, 성공회, 원불교, 유교 등 대표자들이 모여서 창립한 한국종교협의회 초대 회장으로 취임하여 종교 간 화해의 기틀을 마련한 우리나라 종교계의 큰어른으로 존경받는 인물이었다.

박원선은 월산스님과 개인적인 인연이 있었다. 1970년 박원선은 건강이 좋지 않아 충북 영동군 반야사라는 조그마한 절에서 요양하고 있었는데, 그때 월산스님은 총무원장 자리는 시정잡배나 하는 거지 수행하는 스님이 할 일은 아니라며 사표를 써놓고 산속으로 들어온 곳이 바로 박원선이 요양하던 반야사였던 것이다.

10년 만에 월산스님과의 재회라니 참으로 인연은 인연이고 만날 사람은 만나게 되어 있나 보다. 박원선은 월산스님과의 재회를 기뻐하며 마침 장학 기금 모금을 위한 도예전을 준비하고 있다고 그간의 사정을 설명했다. 그러자 월산스님은 자신도 뭔가 도움 될 만한 일을 하고 싶다며 직접 이천의 청파요를 찾아가 청파가 빚은 백자 10점에 친히 글을 써주었다. 청파의 백자에 월산스님의 휘호가 더해지니 이런 명품이 또 어디 있으랴?

도예전은 성료

서울 롯데백화점 화랑에서 1980년 6월 26일부터 7월 1일까지 개최된 장학 기금 모금을 위한 도예전은 대성황을 이루었다. 이미 300여 명에 달한 밀알 회원들의 참여도 적극적이었지만 박원선의 아내 주경지가 실질적이고도 큰 역할을 했다.

고급 한정식집을 운영하고 있던 주경지는 정계와 재계의 거물급 손님들에게 도예전을 적극적으로 홍보하고 도예전에 초청하였음은 물론 그들이 작품을 구입하는데 결정적인 역할을 했던 것이다. 월산스님의 휘호가 든 백자는 인기가 좋아 당시 가격이 200만 원에서 500만 원에 달하는 고가였음에도 1천만 원짜리 대형 백자 한 점을 제외하고는 모두 팔렸다.

박원선은 일주일 동안 도예전을 성공적으로 마쳤고 모든 경비를 제하고도 2천여만 원에 달하는 장학 성금을 모을 수 있다. 당시로써는 상당한 거금이었다. 이와 같이 장학 기금 모금 도예전이 큰 성공을 거두자 김익달도 크게 기뻐하였음은 물론 박원선의 아내 주경지에게는 특별히 고생 많았다면서 1980년 12월 16일 학원장학회 이사장 명의로 감사패까지 주었다.

박원선은 도예전으로 마련한 기금을 어떻게 활용하는 것이 좋은지에 대해 여러 밀알 회원들과 수차 논의한 끝에 그냥 돈으로 가지고 있으면 흐지부지 흩어질 우려가 있으니 확실하게 투자를 해놓는 것이 장학재단의 미래를 위해서도 좋겠다는 데 의견이 모아졌다.

마침 (주)하나로 사장인 제1기 학원장학생 도진영이 인사동에 지하 4층 지상 12층 건물을 신축·분양하고 있어 지하 1층 중약국용 상가를 매입하게 되었다. 일종의 특혜 분양을 받은 셈이었다. 당시 부동산 가격은 하루가 다르게 오르는 추세였고 상가 용도가 약국이었으니 임대수익도 보장될 터였다. 실제로 위 상가들은 몇 년 만에 5배에서 7배로 가격이 올랐다. 하지만 장학기금을 모아 상가에 투자한 것에 대하여 밀알 회원 중에는 과연 그렇게 하는 것이 원래의 취지에 맞느냐며 이견을 보이는 사람도 있었다.

결국 박원선은 하나로 빌딩 지하상가 분양 계약을 해약하여 원금을 반환받고 밀알회에서 모금한 600만 원과 함께 2천600만 원의 장학 기금을 학원장학회 이사장 김익달에게 전달했다. (당시 이 돈은 서울 시내 아파트 한 채 값이었다.)

물론 위 기금은 장학생들을 위한 장학금으로 요긴하게 사용되었지만 후에 돌아보면 많은 아쉬움이 남는 일이었다. 당시 밀알 회원 중에는 위 기금을 바로 장학금으로 사용하지 말고 서울 변두리에 땅이라도 사두어 후일 장학사업을 좀 더 활발하게 할 수 있는 토대를 마련하자는 의견을 내는 이도 있었다.

사회와 국가에 대한 봉사·헌신·희생을 추구하는 밀알회에게 과연 어느 것이 정답이었을까.

다시 서울맹학교 교단에 선 박원선

— 맹학교 전설처럼 내려오는 이야기

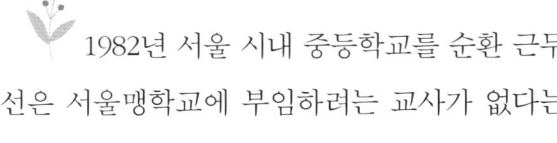 1982년 서울 시내 중등학교를 순환 근무하고 있던 박원선은 서울맹학교에 부임하려는 교사가 없다는 소식을 듣고 다시 자원하여 서울맹학교에 부임하게 되었다.

서울맹학교에서는 박원선 선생님이 다시 온다는 소식을 듣고 교사들과 학생들이 운동장에 나와 북과 꽹과리를 치며 축제 분위기에 들떠 있었다. 교사들과 학생들은 박원선이 1965년부터 서울맹학교에 부임하여 3년간 강영우 등을 가르쳤고, 어느 대학도 맹인의 대학 진학을 받아들이지 않던 시절에 연세대학교를 설득하여 정식으로 입학시험을 보고 대학 교육을 받을 수 있게 한 영웅담을 익히 들어 알고 있었던 것이다.

그뿐만이 아니었다. 박원선이 1967년 한국 맹학교 역사상 최초로 학생들과 교사, 자원봉사자와 함께 수학여행까지 갔었다는 사실은 이제 맹학교의 전설처럼 내려오는 이야기였던 것이다.

박원선이 서울맹학교에 다시 부임하고 보니 60년대에 서울맹학교 제자였던 학생 중에 이제는 어엿한 교사가 된 사람이 여럿 있어 감회가 새로웠다.

전국에서 난방이 가장 빨리

맹학교 교사들과 학부모들은 다시 맹학교에 부임해 온 박원선에게 맹학교의 상조회장을 맡아달라고 간청했다. 그때까지 상조회장은 맹학교 교장이 맡는 것이 관례였는데 그런 관례를 깨고 박원선에게 상조회장을 맡아달라는 것이었다. 박원선은 교사들과 학부모들의 적극적인 지지로 얼떨결에 맹학교 교사 겸 상조회장을 맡게 되었다.

국립서울맹학교는 학생들이 장애인이라는 특수성이 있어 모두 기숙사 생활을 했다. 그리고 예산은 물론이고 독지가의 후원이나 자원봉사자의 봉사에서도 우선적으로 지원을 받는 경우가 많았다.

예컨대 맹학교 식당에 필요한 김장은 자원봉사자들이 일찌감치 준비해 주었고 겨울철 난방에 필요한 조개탄도 다른 학교보다 넉넉하게 배정해 주었다. 왜냐면 눈 대신 손가락의 감각으로 점자를 읽어야 하는 학생들이 날씨가 추워져 손가락의 감각이 무디어지면 공부를 제대로 할 수 없었기 때문이다. 그래서 겨울철 맹학교 교실의 난로는 전국에서 가장 먼저 피우고 난로를 치우는 것은 가장 늦게 한다고 했다.

박원선은 맹학교에 다시 부임한 것을 계기로 좀더 학생들을 잘 지도하기 위해서는 보다 전문적인 지식과 훈련이 필요하다고 느껴 대학원에서 특수교육과정을 이수하기도 했다.

박원선이 숙직을 하는 날이면 맹학교에서 일하는 인부들이나 자원봉사자들에게 사비로 삼겹살 등을 사다가 회식을 시켜주곤 했다. 그러자 인부들도 박원선을 어려워하지 않고 맹학교의 사정을 허물없이 이것저것 이야기하기 시작했다.

다시 전보 발령을 받았다

지난 겨울에는 날씨가 따뜻하여 배정된 조개탄 열 트럭 중 절반도 때지 않아 반 이상이 남아야 하는데 실제로는 하나도 남아 있지 않다는 이야기도 있었다. 아마도 교장 선생님과 서무과장이 남은 조개탄을 몰래 처분했을 거라는 이야기였다.

박원선은 인부들의 이러한 이야기가 사실인지 여부를 확인할 수는 없었으나 교장 선생님은 박원선이 자신을 제쳐두고 상조회장을 맡은 것도 불쾌한데 인부들과 맹학교 운영에 대해 이러쿵저러쿵 이야기한다는 사실을 알고 박원선을 맹학교에 그대로 둘 수는 없다고 생각한 모양이었다.

서울특별시 교육청에 있는 대학 동기로부터 서울맹학교 교장이 교육청에 뻔질나게 드나드는데 혹시 학교에 무슨 일이 있느냐고 물어보기도 했다. 결국 서울특별시 교육청은 박원선을 서울맹학교에 부임한 지 채 4년이 되지 않은 1986년 3월 서울 강서구 염창동에서 새로 개교한 염창중학교로 발령을 냈는데, 이 소식을 들은 서울맹학교 학생들은 난리가 났다.

모두 운동장에 모여 북과 꽹과리를 치며 박원선의 전근을 반대했다. 서울맹학교 학생들이 운동장에 모여 북과 꽹과리를 치는 것은 그들 나름의 시위였고, 그 소리는 가까운 청와대에서도 잘 들릴 수밖에 없었다.

그러자 교육청에서 어떤 지시가 있었는지는 모르지만, 박원선을 다른 곳으로 발령한 서울특별시 교육청은 박원선의 의사를 존중하겠다면서 서울맹학교에 남을 의사가 있는지를 물어봤다. 박원선은 서울맹학교의 제자들을 생각하면 발걸음이 떨어지지 않았지만 잘 가르치고 싶고 잘 가르쳐야만 하는 학생들이 서울맹학교에만 있는 것은 아니라는 생각에 교육청의 전보 발령을 받아들였다.

하동 소년 소녀 가장 돕기 운동

―― 주경지 여사와 함께

1980년대 대한민국은 온 나라가 경제개
발, 중화학공업육성, 수출에 매달리고 있었다.

급속한 산업화로 사람들은 더 좋은 교육 기회와 일자리를 찾
아 도시로 몰려들었고 이에 반해 농촌의 붕괴는 가속화되었다.
농촌의 붕괴는 가족해체의 증가라는 부작용을 낳았고 가족해체
는 우리 사회가 소년 소녀 가장의 증가라는 어려운 숙제에 직면
하는 계기가 되었다.

물론 소년 소녀 가장의 증가는 농촌의 붕괴만이 아니라 부모
의 사망, 이혼의 증가, 빈곤 등 여러 가지 사유가 복합적으로 작
용한 결과였다. 1980년대 소년 소녀 가장은 정확한 통계는 없지
만, 전국적으로 1만 명에서 2만 명 정도였다. 이는 한 마을에 한

두 명이고 학교마다 한 반에 1명 정도는 있을 수 있다는 얘기였다. 결코 적은 수가 아니었던 것이다. 하지만 당시 대한민국은 복지 예산이 턱없이 부족했고 복지 시스템도 미미했다.

80년대 서울 구경

정부는 1985년 소년 소녀 가장을 고아원 보호시설에 보내는 방안과 기존 가정 유지 방안 등을 고심한 끝에 시설로 보내기보다 기존 집에서 살게 하면서 최소한의 지원을 한다는 방침을 결정하고 소년 소녀 가장 제도라는 독특한 제도를 만들었다.

소년 소녀 가장 제도는 18세 미만의 아동이 읍·면사무소에 소년 소녀 가장으로 등록하면 소액의 생계비와 쌀, 연탄 등 생필품 및 학비 일부를 지원하는 것이 핵심이었다. 물론 이와 같은 정부의 지원은 최소한이었고 턱없이 부족할 수밖에 없었다. 하지만 이 제도는 아이가 자기 집에서 생활을 유지하는 것이 가능했고 따라서 형제자매가 해체되는 것을 방지할 수 있었고 부족한 정부의 지원을 보완하기 위해 지역사회의 참여를 유도할 수 있었다.

1980년대 후반 경상남도 하동군에 소년 소녀 가장의 수는 거의 100여 명에 달했다. 물론 이 중에는 부모가 일자리 때문에 도시로 이주했거나 이혼 등의 사유로 집을 떠나 할머니, 할아버지가 아이들을 맡고 있는 경우도 많았다.

박원선은 하동이 고향인 아내 주경지가 고향 친구와 전화하는 중에 소년 소녀 가장을 후원하고 싶다는 얘기를 듣게 되었다. 박원선은 아내 주경지로부터 하동에도 소년 소녀 가장이 많은데 그들을 후원하는 방법이 여러 가지가 있지만, 서울에 가서 경복궁도 보고, 남산 케이블카도 타보고, 서울대공원도 가보고 싶어 하는 아이들이 많다는 얘기를 들었다. 이에 박원선은 아내 주경지와 상의하여 당장 소년 소녀 가장에게 큰 도움을 줄 수 있는 형편은 못 되지만 소년 소녀 가장 중 서울 구경하고 싶어 하는 학생들을 초청하여 1박 2일 정도의 일정으로 서울 구경을 시켜주기로 했다.

이렇게 해서 1989년 10월에는 처음으로 20여 명의 하동 소년 소녀 가장을 서울로 초청하여 주경지가 운영하는 음식점 근처에 숙소를 잡고 1박 2일 일정으로 남산과 경복궁을 관람하게 했고 동작동 현충원(국립묘지)도 데려가 나라를 위해 목숨을 바친 분들에 대해 설명하기도 했다.

그 후 하동 소년 소녀 가장의 서울 초청을 2년마다 계속하였는데 대전 엑스포(세계박람회)가 열렸던 1993년에는 참가자가 많아 80여 명에 달했다. 이렇게 규모가 커지자 밀알회도 자연히 이 사실을 알게 되어 많은 밀알 회원들이 이를 후원해 주었는데 특히 제3기 윤용기, 제4기 최충신, 제5기 이은구, 제9기 강재섭 등이 적극적으로 후원해 주었다.

박원선과 주경지는 하동에서 올라온 학생들의 수가 80명으로 늘어나자 큰딸 영신과 막내딸 혜정이와 제16기 장학생 강수돌까지 동원하여 학생들을 인솔하게 했다.

빽빽한 일정에도 지치지 않는 아이들

1993년 10월 9일 박원선은 버스 2대를 대절하여 아내 주경지와 함께 아침 일찍부터 대전 엑스포 관람에 나섰다. 가장 인기가 있는 미국, 영국, 프랑스, 독일, 일본관은 아침 일찍부터 줄을 서지 않으면 입장하는 것도 쉽지 않기 때문이었다.

학생들은 미래 항공관, 우주 탐험관, 자기부상 열차관, 지구관 등을 둘러보며 다가올 미래를 상상하며 서로의 꿈을 얘기하기도 했다. 학생들은 하루종일 돌아다녔는데도 조금도 지친 기색이 없었다.

박원선은 학생들에게 엉뚱한 제안을 했다.

"애들아, 너희들 프로야구하는 거 실제로 본 적 있어? 한 번 가 볼래?"

"네", "와"라는 탄성이 학생들 사이에서 터졌다.

어쩌다 텔레비전에서나 보던 야구 스타들을 실제로 볼 수 있다는 생각에 학생들의 분위기가 달아올랐다. 대전 엑스포와는 또 다른 재미였던 것이다.

80명이나 되는 소년 소녀 가장을 초청하여 숙소를 마련하고 매끼마다 따뜻하고 맛있는 식사를 준비해 주고 엑스포와 프로

야구 관람까지 1박 2일 동안의 빽빽한 일정으로 박원선과 주경지는 몸은 고되었지만 참으로 뿌듯한 일이었다. 그들이 넓은 세상을 보고 더 많은 꿈을 꾸고 미래에 대한 희망을 가질 수 있다면 그보다 좋은 일이 어디 있겠는가.

1985년부터 시행된 소년 소녀 가장 제도는 국가가 최소한의 지원을 하되 가장으로 등록된 아이에게 가정을 유지하도록 맡긴 일종의 과도기적 복지 정책이었다고 할 수 있었다. 따라서 문자 그대로 소년 소녀 가장은 '아이인데 가장'이라는 모순을 가지고 있었고 아이에게 과도한 책임을 부여한다는 비판이 있었던 것이 사실이었다.

결국 소년 소녀 가장 제도는 1990년대 후반 들어 점차 축소되고 정부는 아동복지시설 확충과 가정위탁 제도 및 기초생활 제도 등으로 복지 정책의 방향을 바꾸게 되었다.

밀알회와 학원장학회
── 선친이 처음 학원장학회를 설립한 취지

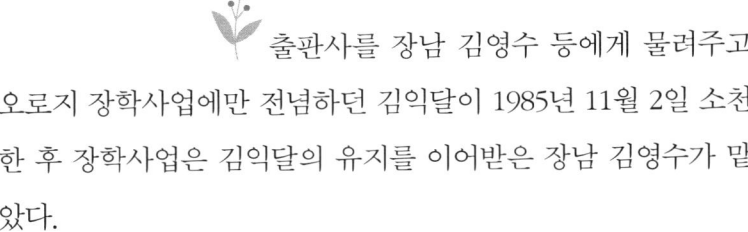 출판사를 장남 김영수 등에게 물려주고
오로지 장학사업에만 전념하던 김익달이 1985년 11월 2일 소천
한 후 장학사업은 김익달의 유지를 이어받은 장남 김영수가 맡
았다.

그 후 김영수는 학원장학재단의 이사장으로서 〈주부생활〉을
운영하면서 매년 수천만 원의 장학 기금을 장학재단에 기부하
여 김익달의 '인재 사랑', '나라 사랑'의 정신을 이어갔다.

하지만 출판사를 운영하며 매년 수천만 원의 장학 기금을 마
련한다는 것은 쉬운 일이 아니었다. 더구나 예전과 달리 여성
독자를 겨냥한 잡지도 다양화되고 전문화되어 그 경쟁이 점점
더 치열해졌다.

〈여원〉, 〈우먼센스〉를 비롯한 메이저급 신문사들이 내는 〈여성중앙〉, 〈여성동아〉, 〈가정조선〉, 〈퀸〉 등은 가계부와 여류장편소설 당선작 등을 별책부록으로 발간하여 독자들을 끌어들이고 있어 오랜 전통을 가진 〈주부생활〉로서도 힘겨운 경쟁이 아닐 수 없었다.

이에 밀알회에서는 학원장학재단의 어려움을 두고 볼 수 없어 밀알 회원들이 각자 형편에 따라 장학 성금을 내고 이를 모아 학원장학재단에 기부해 왔다. 밀알회는 학원장학재단의 장학사업을 좀 더 적극적으로 지원할 수 있도록 밀알회 회칙 중 밀알회 모임 목적에 "학원장학재단의 장학사업을 적극 지원하고 협력하는 일"과 회원의 권리와 의무 조항에 "연회비와 장학 성금을 낼 의무"를 명시했다.

물론 이러한 장학 성금을 낼 의무가 법적인 효력이 있는 것도 아니고 그 범위도 밀알 회원 각자의 연간소득의 1% 내에서 자율적으로 정하는 것이었다.

경제적 여력이 있는 소수의 회원이 고액의 장학 성금을 내는 것보다는 조그만 정성이라도 다수의 회원이 함께하는 것이 더욱 의미 있는 일이라고 생각하기 때문이다. 밀알 회원들은 자신들이 받은 도움을 후배들에게 건너 갚아야 한다는 밀알정신을 모두 공유하고 있었고 따라서 이러한 장학 성금에 관한 의무 규정은 당연한 것을 명문화한 것에 불과했다.

한 지붕 두 가족

밀알회에서는 김익달 선사의 소천 후에도 밀알 회원들이 모은 장학 성금을 학원장학재단 이사장 김영수에게 전달하였는데 1986년에 금 5백만 원, 1987년 5백만 원, 1988년 8백만 원을 각 기부했다. 그리고 1989년 1월부터 다시 밀알 회장을 맡은 박원선은 학원장학재단에 기부하는 장학 성금을 1천만 원으로 올렸다. 그전보다 장학 성금 모금에 참여하는 회원이 늘어 100여 명에 달하여 그 금액이 늘어났기 때문이었다.

그런데 1990년부터는 밀알회에서는 학원장학재단에 장학 성금을 기부하지 않았다. 김익달 선사에 이어 학원장학재단을 맡은 이사장 김영수는 밀알회가 매번 기부하는 장학 성금이 점차 늘어나자 선친이 처음 학원장학회를 설립한 취지와는 달리 학원장학회가 밀알 회원들에게 부담이 되어서는 안 된다고 생각했던 것 같았다. 그는 장학사업을 자신과 학원사가 맡아서 하고 밀알 회원들은 주위의 다른 어려운 이웃을 돕는 것이 좋겠다며 밀알회의 장학 성금 기부를 사양했던 것이다.

상황이 이렇게 되자 박원선을 비롯한 학원장학생 1기 내지 5기의 밀알 회원들은 밀알회가 단순한 밀알 회원들의 친목 단체에 그쳐서는 안 되며 사회에 기여할 수 있는 방안에 대해 수차례에 걸쳐 논의하게 되었고, 결국 학원장학재단과는 별도의 장학 재단을 설립하자는 쪽으로 의견이 모아졌던 것이다.

밀알장학재단 설립
— 세상에 밑거름이 되어 새로운 밀알의 싹을 틔움

밀알회는 1992년부터 장학재단 설립을 위해 우선 장학 성금을 모으기로 했는데, 밀알회 운영회비와 구별하기 위해 밀알회 회원들로부터 매년 초부터 6월까지는 장학 성금을 모으고 7월부터 연말까지는 밀알회 연회비를 내도록 했다.

이렇게 하여 장학 성금 모금 첫해인 1992년에는 104명의 밀알 회원이 참여하여 총 2천300여만 원의 기금을 적립할 수 있었다.

이에 밀알회는 1993년도 사업계획으로 장학 성금 3천만 원 모금을 목표로 설정하고 이를 위해 여러 차례에 걸친 실무모임 끝에 '장학 성금 모금을 위한 청파 이은구 도예전'을 개최하기로 하였다.

장학재단 설립기금조성위원회 발족

"1980년 청파 도예전"을 성공적으로 개최한 5기 이은구도 장학 성금 모금을 위한 도예전 개최에 흔쾌히 동의했음은 물론이다. 청파 이은구는 1980년 당시에도 이미 분청사기의 대가로 이름이 높았지만, 그의 백자는 일본에서 더 유명해져 분청사기를 배우기 위해 청파요로 유학 올 정도였다.

이은구는 1984년 5월 5일부터 1주일간 일본 니이가다에서 도예전을 가졌고, 1985년 6월 17일부터 6월 23일까지는 일본 도쿄 주일 한국대사관 문화원에서 도예전을 개최하였다. 또 1988년 8월 19일부터 8월 31일까지 도쿄 세이부백화점 개관기념 초청 도예전을 가졌다.

한편 국내에서는 1991년부터 이천군 이천문화원장을 맡아 이천 지역축제인 설봉문화제를 개최하였다.

설봉문화제는 1987년부터 시작된 지역축제인데 1990년대 전국적으로 지역축제가 융성하는 계기를 마련한 기념비적 문화행사로 평가된다. 설봉문화제는 문학, 미술, 공예 등 다양한 세부행사를 엮은 종합문화예술축제지만 그 대표 격은 뭐니뭐니해도 이천도자기축제였던 것이다.

이천도자기축제는 그 후 세계 도자기 엑스포로 발전하여 외국에까지 유명해진 대규모 축제로 거듭나게 되는데 이 역시 청파 이은구 같은 분청사기의 대가가 있어서 가능한 일이었다.

장학 성금 모금을 위한 청파 이은구의 도예전은 1993년 9월 21일부터 9월 27일까지 소공동 롯데백화점 7층 롯데 화랑에서 개최되었다. 청파 이은구는 87점의 분청사기 대작과 밀알 회원들의 참여를 위한 특별작품 26점 등 모두 113점의 작품을 전시하여 대성황을 이루었다.

밀알장학재단 설립을 위한 기금 마련 도예전이므로 밀알 회원들의 호응도 뜨거웠지만, 이번에도 박원선의 아내 주경지가 재계와 정계의 인사들에게 적극적으로 홍보한 것이 큰 힘이 되었다.

도예전에 출품된 113점 중 96점이 판매되어 제작 및 전시 경비를 모두 공제하고도 2천600여만 원의 장학 기금이 적립되는 성과가 있었다. 이렇게 장학재단 설립을 위한 기금 조성이 순조롭게 진행되자 밀알회에서는 장학재단 설립에 필요한 최소금액 3억 원 모금을 1995년도까지 끝내기로 하고 효율적인 기금 조성을 위해 장학재단 설립기금조성위원회를 발족시키고 그 위원장에 박원선을 선임하였다.

학원의 나눔 정신

박원선은 기금 조성을 적극적으로 추진하기 위해 학원장학생 제9기 이상에서 2억 원, 제10기 이하에서 1억 원을 모금한다는 목표를 설정하고 보다 많은 밀알 회원들이 뜻을 모아줄 것을 독려했다.

이렇게 하여 1996년 1월에는 장학 기금 모금액이 1억 6천 300만 원이 되었고, 11월에는 2억 7천888만 원이 되었으며, 11월 말에는 기금총액이 3억 918만 원으로 목표액을 초과 달성하였고, 1997년 8월에는 총 3억 2천188만 원이 되었다.

이에 당시 밀알 회장이던 3기 이전문은 1997년 1월 31일 '재단법인 밀알장학재단 설립 취지서'를 작성하여 1997년 6월 초 강동교육청에 밀알장학재단 설립 신청서를 제출하였다.

밀알 회장 이전문이 발기인 대표로 작성한 설립 취지서에서 "우리 밀알 회원은 나를 태어나게 한 것은 어버이지만 세상에 나를 드러나게 한 것은 선사 학원 김익달 선생으로 여기어 그 보답으로 '학원의 나눔 정신'을 현창하는데, 한마음을 모았다.

세상에 입은 은혜를 끼친 이에게 바로 갚는 수도 있지만 베푼 그 뜻을 드리워 다른 이에게 건너 갚는 것이 더욱 값지고 오래갈 수 있다. 하물며 선사께서 '나에게 되갚으려 하지 말고 후진에게 갚도록 하라'고 학원장학금을 받은 밀알 회원들에게 일찍이 일깨운 유훈이 있음에랴"라고 하여 밀알장학재단은 김익달 선사의 나눔 정신을 현창하기 위한 것임을 밝혔다.

밀알장학재단 신청서류는 강동교육청을 거쳐 서울교육청으로 이관되었고, 1997년 9월 10일 서울교육청의 정식 인가를 받아 9월 26일 등기를 마침으로써 마침내 밀알장학재단이 설립되었다.

제1기 밀알장학생 7명 선발

당시 서울교육청 교육감은 장학금을 받은 사람들이 다시 장학 성금을 모아 설립한 밀알장학재단을 훌륭한 교육적 자료가 된다고 하면서 담당 공무원들에게 널리 홍보하도록 지시하였다고 한다.

밀알장학재단 설립 등기가 마무리되자 1997년 12월 12일 밀알장학생 선발을 위한 기준, 방식 등을 논의하기 위해 위원회가 개최되었는데 박원선은 그 위원장을 맡아 선발원칙, 대상, 후보, 시기 등 구체적이고 세부적인 사항에 대하여 밀알 회원들의 의견을 수렴하였다.

박원선은 밀알회 회원들이 함께 참여하는 장학사업이 될 수 있도록 회원들 전체를 대상으로 하여 앙케트 조사를 실시하여 회원들의 의견을 모았다.

이렇게 하여 드디어 1998년 2월 23일과 24일 서울교육문화회관에서 2일간에 걸쳐 서류전형에 합격한 21명을 대상으로 필기시험 및 면접을 거쳐 제1기 밀알장학생 7명을 선발하였다.

박원선은 밀알 회장 이전문 등과 함께 면접위원으로 참여하였음은 물론 23일 지원자 21명을 초대한 저녁 식사 자리에서 밀알장학생 선발의 의의를 전하고 학생들을 격려하기도 하였다.

1998년, 나라가 부도 직전까지 몰려 결국 IMF에 구제금융까지 신청하여 나라 경제가 IMF 관리체제가 되었다.

신문에는 연일 빚 독촉에 몰린 일가의 음독자살, 부도난 중소기업 사장의 자살, 대기업 중견 간부의 실직 등 온통 어둡고 절망적인 기사가 넘쳐나던 때였다.

하지만 밀알 회원들은 마침내 뜻을 모아 밀알장학재단을 탄생시켰고 1998년 2월 24일 제1기 밀알장학생 7명을 선발한 것이다.

전쟁의 폐허 위에서 학원장학회를 설립하고 1953년 2월 22일 제1기 학원장학생 12명을 선발한 지 45년 만에 학원장학금을 받고 성장한 밀알 회원들이 다시 장학회를 설립하고 제1기 밀알장학생 7명을 선발한 것이다.

박원선과 밀알 회원들은 김익달 선사의 나눔 정신을 이어받아 세상에 밑거름이 되어 새로운 밀알의 싹을 틔우게 된 것이다.

4장
하나로 통합하여
더 크게

학원장학재단과 밀알장학재단
−이제부터 또 다른 시작

학원장학재단과 밀알장학재단의 통합
−통합 그리고 새로운 탄생

최덕교 선생과의 인연
−또 다른 거목

박원선과 학원밀알장학재단 그리고 밀알회
−한평생을 한결같이

아무리 좋은 말로 우리 장학생들의 마음을 모은 것

이니 받아주실 것을 아무리 간청해도 막무가내였다.

학원장학재단과 밀알장학재단

── 이제부터 또 다른 시작

밀알 회원들이 설립한 밀알장학재단이 제1기 밀알장학생을 선발함으로써 뿌리는 같지만, 학원장학재단과는 별도의 장학재단으로 자리를 잡았다.

밀알장학재단은 기본 재산 3억 원으로 출발하였지만, 재벌이나 재력가가 만든 장학재단에 비하면 그 규모는 비교도 되지 않을 정도로 작은 것이 사실이었다.

더구나 기본 재산 3억 원은 교육청의 처분 허가 없이는 임의로 쓸 수 있는 것이 아니어서 은행의 정기예금 등으로 묶여있어 그 이자만으로 장학금을 지급하는 것은 현실적으로 불가능했다.

밀알장학재단은 1999년 1월 16일~17일 서울교육문화회관에서 제1기 때와 마찬가지로 영어, 수학, 논술 등의 필기시험과 면

접을 거쳐 7명의 제2기 밀알장학생을 선발했고, 2000년 1월 13일
~14일에도 같은 방식으로 제3기 밀알장학생 7명을 선발했다.

이러한 밀알장학생들에게 지급하는 장학금의 재원은 장학재
단의 기본 재산에서 나오는 은행 이자로는 턱없이 부족할 수밖
에 없었고 그 대부분은 밀알 회원들이 장학재단에 기부하는 장
학 성금이었던 것이다. 그러니까 밀알 회원들은 밀알장학재단
설립에 필요한 기본 재산 3억 원을 모금하는데 참여하는 것은
물론 매년 장학생들에게 지급할 장학금의 재원을 마련하기 위
하여 각자 소득의 1% 이내에서 자율적으로 장학 성금을 내는
구조였던 것이다.

밀알 회원들은 밀알장학재단의 이 같은 구조를 당연한 것으
로 받아들였고 아무도 이에 대해 불평하는 사람이 없었다. 오히
려 밀알회의 각종 모임, 즉 월례회나 야유회 또는 연말 총회 때
에는 으레 장학 기금 확충을 위한 방안에 대한 얘기가 나오기
마련이었다.

실제로 1999년 12월 29일 잠실 교통회관 파노라마에서 열린
정기총회에 110여 명의 밀알 회원들이 모인 자리에서 제5기 학원
장학생 정인택이 정식으로 장학 기금 확충사업을 적극적으로 재
개할 것을 발의하여 밀알 회원들 전원의 동의를 얻기도 하였다.

이에 따라 2000년 3월 22일에 개최된 밀알 회원 월례회에서는
장학 기금 확충을 위한 구체적인 방안을 논의하여 장학 기금 확
충을 위한 모금위원회를 구성하였는데 박원선은 그 모금위원장

을 맡았다.

기본 재산을 늘리다

사실 박원선은 2000년 2월 17일 광희중학교 교장을 끝으로 35년간 몸담았던 교직에서 정년 퇴임하여 좀 더 자유로운 입장에서 장학재단과 밀알회 일을 맡을 수가 있었다.

박원선은 우선 동기인 3기에서 2천500만 원을, 그리고 평소에도 동기들 간의 모임이 활발한 5기에서 5천만 원의 장학 기금을 모금하기로 결정하고 다른 기수들도 구체적인 모금 계획을 추진하도록 했다.

실제로 밀알 회원들의 장학 기금 확충사업에 대한 참여는 놀라울 정도였다. 매번 장학생들에게 지급되어야 할 장학금 총액을 훨씬 뛰어넘는 금액이 모였고 따라서 밀알장학재단의 재산은 점점 늘어났다.

이에 밀알회에서는 매번 장학금을 지급하고 남는 여분의 기금을 어떻게 활용하는 것이 좋을지에 대해 활발한 논의가 이루어졌다. 어떤 회원은 수익 부동산과 예금에 분산투자하는 것이 좋겠다고 했고 어떤 회원은 앞으로 장학사업 확대를 위해서는 위험을 무릅쓰더라도 수익 부동산에 투자하는 것이 최선이 아니겠느냐고 했고, 또 어떤 회원은 그래도 장학사업을 위해 모금한 기금인데 한 푼이라도 손실이 있으면 안 되니까 안전한 예금으로만 운영하는 것이 원래의 취지에 맞는다는 의견을 제시하기도 했다.

모든 의견은 조금씩 달랐지만 어떠한 어려움이 있더라도 인재 양성을 위한 장학사업을 계속하고 앞으로 더욱 확대, 발전시켜 나가야 한다는 데에는 공감하고 있었다.

결국 1998년 6월 2일에 개최된 월례회에서는 밀알장학재단이 장학사업을 확대해 나가려면 회원들이 언제든 모이고 소통할 수 있는 사무실이 필요하다는데 의견이 모아져 그 구체적인 방안으로 당시 IMF 사태로 부동산 경기가 침체되어 있었으므로 경매에 나오는 오피스텔을 구입하기로 하였다.

실제로 1998년 11월 법원 경매에 나온 오피스텔을 구입하기 위해 응찰하였으나 경험 부족으로 실패하고 말았다. 하지만 1999년 6월 서울동부지방법원 경매에 재도전하여 송파구 올림픽로에 있어 교통이 편리한 한신코아오피스텔 1406호를 95,590,000원에 낙찰받아 재단 사무실을 마련하였다.

사무실의 소유 명의는 밀알장학재단으로 하였지만, 그 매입 자금은 재단의 기본 재산이 아니라 밀알 회원들이 낸 별도의 장학 성금이었다.

밀알 회원들의 장학 성금 모금은 계속 이어져 2001년 12월 말에는 기본 재산 중 현금이 4억 원으로 불어났고 부동산으로 한신코아오피스텔 1동이 있어 기본 재산만도 5억 원이 넘을 정도로 밀알장학재단은 성장하고 있었다.

밀알정신 계승을 위하여

　박원선은 장학 기금 확충을 위한 모금위원회 위원장에 이어 2001년 9월 7일에는 밀알장학재단의 이사장으로 선임되어 장학회와 밀알회가 그의 전부가 되었다. 그의 아내 주경지의 말에 의하면 박원선은 감기몸살로 누워 있다가도 장학회 일이라면 벌떡 일어날 정도였다는 것이다.

　한편 학원장학재단은 밀알장학재단과는 상황이 많이 달랐다. 김익달 선사의 유지를 이어받아 김익달의 장남 김영수가 학원장학재단 이사장을 맡아 장학사업을 계속하고자 했을 때 학원장학재단의 기본 재산은 은행에 예금되어 있는 212,000,000원이 전부였다.

　김영수는 학원장학재단이 이미 선발해 놓은 장학생들에게 장학금을 주기 위해 여성잡지인 월간 〈주부생활〉을 발간하는 출판사를 운영하면서 나오는 수익 대부분을 장학재단에 기부했다.

　새로이 장학생을 선발하는 것은 출판사의 형편이 좋을 때에는 가능했으나 경기가 침체되거나 수익이 떨어지면 불가능한 일이었다. 밀알회의 장학 성금을 지원받기도 했으나 전적으로 밀알회에 의존할 수도 없는 일이었다.

　학원장학재단은 1986년 2월 제21기 장학생 21명을, 1987년 2월에는 제22기(중2) 20명과, 제23기(중1) 20명 합계 40명을 동시에 선발하였고, 1988년 3월에는 제24기 21명을, 1989년 3월에는 제25기 장학생 20명을 선발하였다. 그리고 그 후 3년 동안은 신규 장학생을 선발하지 못하다가 1993년 2월 제26기 장학생 20명을 선발하였고, 1994년 3월 제27기 15명을 선발하는 등 2003년 2월까지 매년 꾸준히 10여 명의 장학생을 선발하여 장학금을 지급하여 왔으나 출판사인 주부생활사를 운영하여 얻는 수익금으로는 장학생들에 대한 장학금을 지급하는 것도 힘에 겨운 일이었다. 따라서 학원장학재단의 기본 재산은 은행에 예금되어 있는 212,000,000원이 전부였고 더 이상 기본 재산이 증가할 수가 없는 구조였다.

그런데 더욱 문제인 것은 장학생들은 중학교 또는 고등학교 재학 시 장학금을 지급 받으면 그것으로 끝이었고 동기생은 물론 선후배 간의 친목과 우의를 다지고 함께 힘을 모아 사회와 국가의 발전을 위한 밑거름이 되라는 밀알정신을 계승할 수 있는 어떠한 계기나 동기부여도 없다는 것이었다.

이에 비해 밀알장학재단은 그 기본 재산이 점차 증가하였을 뿐만 아니라 2003년 2월에는 제6기 밀알장학생 10명을, 2004년 2월에는 제7기 밀알장학생 10명을 선발하는 등 선발하는 장학생 수도 7명에서 10명으로 늘려나갔다.

통합 수순이 시작

결국 2004년 2월 학원장학재단 이사장 김영수는 "밀알회가 그 인원수나 사회적 역량이 커졌고 후배들을 위해 쏟는 열의가 감동적이고 같은 목적으로 두 재단이 서로 다른 기수의 장학생을 매년 뽑는 것보다는 한데 합쳐서 뽑으면서 학원장학재단의 정신과 전통을 이어가는 것이 어떻겠는가"라는 뜻을 밀알장학재단 이사장인 박원선에게 전달하였다. 또 김영수는 앞으로 학원장학재단의 운영을 밀알회에 전적으로 맡기고 자신과 학원사는 장학금을 기부하는 후원자로서 남겠다면서 구체적인 후원안까지 제시하였다.

이에 밀알장학재단은 2004년 2월 12일 임시 이사회를 열어 김영수 이사장의 뜻을 받아들이기로 하고 2월 16일 밀알장학재단 이사장 박원선은 학원장학재단 이사장까지 겸임하게 되었다.

돌이켜보면 1955년 한국전쟁이 휴전으로 멈춘 후 제3기 학원장학생으로 김익달 선사와 인연을 맺기 시작한 지 어언 50년, 박원선은 김익달 선사가 설립한 학원장학재단의 이사장과 학원장학생 출신들이 만든 밀알장학재단의 이사장까지 겸임하는 막중한 책임을 맡게 된 것이다.

박원선은 감회가 남다를 수밖에 없었지만, 무엇보다 "내게서 받은 것을 나에게 되갚으려 하지 말고 후진들에게 갚으라"는 김익달 선사의 말씀이 생생했다.

이제부터가 또 다른 시작인 것이다.

학원장학재단과 밀알장학재단의 통합

—— 통합 그리고 새로운 탄생

학원장학재단과 밀알장학재단, 두 재단의 이사장을 동시에 맡고 있는 박원선이 가장 먼저 해야 할 일은 두 장학재단의 통합이었다.

학원장학재단과 밀알장학재단은 원래 하나의 뿌리를 가진 불가분의 관계이고 학원장학재단이 부모라면 밀알장학재단은 그 자식이 되는 셈이다. 나누어졌던 두 장학재단이 합쳐진다는 것은 분가하였던 부모와 자식이 한 집안으로 다시 모여 살게 되고 따라서 집안의 행세가 더욱 융성할 수 있는 기반을 갖추는 것이었다. 그것은 곧 장학재단이 통합된 더 큰 힘으로 사회와 국가를 위한 훌륭한 인재를 더 많이 양성할 수 있는 단단한 기초를 만드는 것이었다.

하지만 두 장학재단을 통합하는 것은 실무적으로는 여간 까다로운 일이 아니었다. 우선 장학재단은 법적으로 공익법인이므로 '공익법인의 설립·운영에 관한 법률'에 적용을 받기 때문에 일반회사처럼 자유롭게 합병할 수가 없었다.

보통 두 재단을 통합하는 경우에 한 재단을 해산하여 다른 재단으로 재산을 이전하거나 새로이 재단을 신설하고 두 재단의 재산을 이전하는 방식이 있는데 그 어느 것도 절차가 까다롭고 해결해야 할 문제가 한두 가지가 아니었다.

통합은 힘든 길

박원선은 그래도 두 재단의 이사장을 겸임하고 있을 때가 바로 재단을 통합할 수 있는 적기라고 생각하고 많은 밀알 회원들의 의견과 자문을 구하고 법적 검토를 한 결과 신속하게 두 재단을 통합하자는데 의견이 모아졌다.

재단 이사회와 밀알회에서는 구체적으로 학원장학재단의 기본 재산과 밀알장학재단의 기본 재산 및 보통 재산이 온전하게 확보되는 방향으로 통합을 추진하기로 하고 그 통합 방식은 밀알장학재단의 전 재산을 학원장학재단에 기증한 뒤 밀알장학재단을 해산하는 방식을 택하기로 하였다.

사실 많은 법조인들은 두 공익법인을 통합하는 것은 쉬운 일이 아니라고 조언하였지만 밀알장학재단의 정관에 규정된 설립

목적이나 이념, 장학생 자격요건, 선발방법 등은 김익달 선사가 설립한 학원장학재단의 정관 규정과 거의 같아 문제될 것이 없었다.

또한 재단의 명칭을 정함에 있어서 두 장학재단 간의 설립이 념이 훼손되지 않고 오래도록 지속될 수 있도록 학원장학재단의 '학원'과 밀알장학재단의 '밀알'을 따서 '학원밀알장학재단'으로 하기로 했다.

이에 박원선은 2004년 8월 23일 전 재산을 동결하고 잔고증명서를 받아 교육청에 보고했다. 그러자 교육청은 기본 재산이 더 적은 학원장학재단에 기본 재산과 보통 재산이 더 많은 밀알장학재단이 재산을 기증하는 이유를 조사하여 보고하라는 공문을 보내와 박원선은 다시 학원장학재단과 밀알장학재단의 관계와 밀일장학재단이 전 재산을 기증하는 이유를 상세히 설명하는 사유서를 작성하여 교육청에 제출했다.

인재 양성 과업을 계승

교육청은 또 학원장학재단 기본 재산에 밀알장학재단의 기본 재산 495,691,000원만 편입시키고 보통 재산 233,012,112원을 그대로 남겨두면 통합 허가를 할 수 없다며 남은 보통 재산을 모두 기본 재산으로 편입시키라고 하여 이에 따른 이사회 결의 및 정관 변경 절차를 밟고 다시 서류를 작성하여 제출해야 했다.

관공서의 인허가 관련 업무는 늘 그렇듯이 보완서류 제출을 요구하면 서류를 몇 번을 고치고 또 고치고도 부족해 전화 문의는 물론이고 직접 교육청을 방문해 설명해야 했다.

박원선은 평생을 교사로 학생들을 가르쳤고 교감과 교장 등을 거치며 교육청 관련 행정 업무도 수없이 처리하였지만, 장학재단 통합 업무가 이렇게 까다롭고 복잡한지 몰랐다. 재단 통합 업무가 이렇게 힘들 줄 알았으면 통합하지 말고 다른 방법을 찾을 걸 그랬나 하는 생각까지 들었다.

학원장학재단과 밀알장학재단은 그 뿌리가 같고 그 설립이념이나 정신도 같고 장학생 선발방법이나 그 장학금 지급 방법 등 모든 것이 투명하여 밀알 회원들에게는 두 재단을 통합하는 것이 너무나 당연해 보이는데 담당 공무원에게는 기본 재산이 훨씬 적은 재단에 기본 재산이 많은 재단이 전 재산을 기부하는 것이 쉽게 납득되지 않았던 모양이다.

하지만 박원선은 2004년 10월 결국 두 재단에 대한 통합 허가를 받아 2004년 11월 1일 밀알장학재단의 전 재산을 학원장학재단에 기증하고 교육청에 보고했다. 그리고 이어서 밀알장학재단의 정관 변경 허가를 받고 2005년 1월 21일 밀알장학재단의 해산등기를 완료했다.

한편 학원장학재단은 2004년 12월 14일 기본 재산을 217,000,000원에서 712,691,000원으로 변경하였다가 2004년 12월 28일 다시 945,703,112원으로 변경하여 교육청에 보고했고, 그리고 2005년 1월 12일 드디어 이사회 결의에 따라 재단의 명칭을 '재단법인 학원밀알장학재단'으로 변경하고 교육청에 보고함으로써 '학원밀알장학재단'이 탄생했다.

이로써 장학금 수혜자들이 설립한 최초의 장학재단인 밀알장학재단은 1997년 9월 10일 설립된 후 7년 7개월 만인 2005년 4월 15일 폐쇄되고 '인재 양성'의 과업은 '학원밀알장학재단'으로 계승되었다.

최덕교 선생과의 인연

―― 또 다른 거목

박원선이 최덕교를 만나게 된 것은 물론 1955년 박원선이 제3기 학원장학생으로 선발되어서였다. 당시 최덕교는 중·고등학생들이 매월 발행일만을 손꼽아 기다리던 〈학원〉의 편집장을 맡고 있었다.

최덕교는 학원장학생 제1기와 제2기 선발 때에는 직접 실무도 맡아 했고 제1기와 제2기 장학생 하계 수련회 때에는 김익달과 함께 참여도 했기에 친분도 두터웠다.

하지만 제3기 장학생 선발 때부터는 직접 관여하지 않아 잘 알지 못하다가 장학생이 되어 학원사에 들를 때에 〈학원〉의 편집장인 최덕교에게 인사하는 정도였다.

〈학원〉 편집장

박원선이 대학생이 되어 제1기와 제2기 장학생들과 함께 학원사의 어려움을 듣고 서로 걱정하던 때나 백과사전 덕분에 학원사의 재정 형편이 나아져 김익달과 함께 무교동 등을 누비며 밤늦게까지 술잔을 기울일 때에도 최덕교가 함께 한 적은 거의 없었다.

최덕교는 1958년 학원사가 세계에서 아홉 번째로 대백과사전을 편찬할 때 편집주간으로서 이를 총괄했고 그 후 학원사 부사장 등을 역임한 뒤 1963년 창조사를 설립하여 많은 양서를 출판하였다. 뿐만 아니라 2004년에는 《한국잡지백년》이라는 대작을 집필한 한국 잡지계의 거목으로 평가받고 있었다.

박원선은 2000년 2월 말 35년간의 교직 생활을 명예퇴직하고 2001년 9월 7일 밀알 회원들이 설립한 밀알장학재단 이사장직을 맡은 데 이어 2004년 2월에는 학원장학재단 이사장도 겸임하게 되었다. 그런데 그때 제1기 학원장학생 유재천으로부터 최덕교 선생이 한번 만났으면 한다는 것이었다.

제1기와 제2기 장학생들은 최덕교 선생과 인연이 깊어 그동안에도 간간이 교류가 있었던 모양이었다.

이에 박원선은 유재천과 함께 신촌에 있는 최덕교의 집을 찾았다. 최덕교는 이미 80세가 다 된 고령이었으나 건강해 보였고 박원선과 유재천을 보고 친형제를 보듯이 반가워하였다. 최덕교는 50년대 제1기와 제2기 장학생 선발할 때의 일화와 하계 수련회 때 해수욕장 같이 간 얘기들을 들려주며 이미 고인이 된 김익달 선사를 추억하기도 하였다.

최덕교는 사실 이 신촌집도 학원사 편집장 시절 김익달 사장님이 사주신 것이라며 아직도 그분의 그 마음을 잊지 않고 있다고 했다.

당시 학원사 사장 김익달이 학원사 부장들에게 어느 정도 연차가 되면 생활 안정을 위해 집 한 채씩 사준 것은 출판계에선 전설 같은 일화로 유명했다.

특히 최덕교는 학원장학생 출신들이 기금을 모아 밀알장학재단을 설립하여 학원장학회와는 별도로 장학사업을 이어가고 있다는 소식을 들었다며 참으로 보람 있는 일이라고 흐뭇해했다.

박원선은 실로 오랜만에 최덕교 선생을 만나서 마치 김익달 선사를 뵙는 것 같아 가슴이 벅차올랐다.

그 후 박원선은 시간이 되는 대로 학원장학회와 밀알 회원들이 만든 밀알장학회의 통합과 그 운영 상황에 대하여도 말씀드렸다. 또 2007년 3월 15일에는 최덕교 선생 내외분과도 인연이 있는 제1기와 제2기 장학생들에게 연락하여 최덕교 선생과 함께 아내 주경지가 운영하는 다향에서 식사 자리를 마련하기도 하였고 하동 칠불사 스님으로부터 곡우 전에 딴 찻잎인 '우전'이 오면 최덕교 선생께 드리기도 했다.

또 가을이면 하동 명물인 곶감과 대봉시를 선물하기도 하였다.

못 드린 선물

한번은 박원선이 인사차 최덕교의 신촌집을 방문했더니 집을 싹 새로 고쳐 새집이 되었는데, 집이 워낙 낡아 이번에 대대적으로 수리를 했다. 그런데 박원선이 보기에 워낙 검소한 살림이라 새로 고친 거실이 넓고 탁 트여 시원했지만, 한쪽 구석이 빈듯한 느낌이 들었다.

이에 박원선은 곰곰이 생각하다가 학원장학생 제6기생 청파 이은구에게 연락하여 사정을 설명하고 최덕교 선생 집 거실에 놓으면 좋은 도자기 하나를 만들어 줄 수 있겠냐고 했다.

청파 이은구는 이천에서 '청파요'를 운영하는 우리나라 분청사기의 대가로 우리나라 대통령이 해외 국빈 방문 시 선물로 가져가는 도자기가 바로 청파의 분청사기였다.

"아, 형님, 그렇지 않아도 김대중 대통령이 미국 클린턴 대통령의 초청으로 미국 갈 때 선물로 준비했던 도자기가 남아 있는 게 하나 있습니다. 그거 드릴 테니까 최덕교 선생께 드리시지요."

청파는 밀알장학재단 창립 기금 모금을 위한 도자기 전시회 때도 열정적이었고 이번에도 대답이 참 시원시원했다.

대통령의 외국 순방 때 선물로 가져가는 도자기는 만일을 위해 똑같은 것으로 여분을 준비해 놓는데 김대중 대통령의 미국 방문 시 선물로 만들었던 도자기가 남아 있다는 것이었다.

청파가 가져온 도자기를 본 박원선은 도예의 전문가는 아니지만 역시 청파의 도자기라는 감탄이 절로 나오는 작품임을 한눈에 알아보았다.

이 정도면 최덕교 선생의 거실에 놓아도 집주인의 품격에 어울릴만하다고 생각한 박원선은 청파의 도자기를 들고 최덕교의 집을 찾았다. 그런데 도자기를 본 최덕교의 반응은 박원선을 당황하게 만들었던 것이다.

어떻게 이런 귀한 것을 내가 받을 수 있느냐며 최덕교가 완강하게 사양한 것이다. 박원선이 아무리 좋은 말로 우리 장학생들의 마음을 모은 것이니 받아 주실 것을 아무리 간청해도 막무가내였다. 그냥 인사치레의 사양이 아니었던 것이다.

박원선은 할 수 없이 가져갔던 도자기를 도로 가져올 수밖에 없었다.

그 후 박원선은 그렇다면 1980년 장학 성금 모금을 위한 청파의 전시회 때 워낙 고가라 팔리지 않았던 조계종 총무원장을 지내신 월산스님의 휘호가 들어간 도자기가 있어 그것을 가지고 다시 최덕교 집을 방문하였다.

박원선이 그간의 사정을 설명하고 월산스님의 휘호가 들어간 도자기이고 당시 판매되지 않고 남아 있는 것이니 거실에 두고 보시면 좋겠다고 하였으나 최덕교의 반응은 조금도 달라진 것이 없었다.

내가 장학생들을 위해 한 것이 아무것도 없는데 어떻게 이런 귀한 것을 받을 수 있겠냐며 손사래를 쳤다. 박원선은 이번에도 퇴짜를 맞은 것이다.

할 수 없이 다시 월산스님의 휘호가 들어간 도자기를 안고 집으로 돌아와 청파에게 연락하여 사정을 설명하였다.

"하하, 형님. 어쩔 수 없네요. 그 도자기의 주인은 형님인가 보네요. 형님 거실에 두고 감상하십시오."

청파의 대답은 언제나 유쾌하고 시원시원했다.

결국 박원선은 김대중 대통령이 미국 클린턴 대통령에게 선물한 도자기와 월산스님의 휘호가 들어간 도자기를 보유하게 된 셈이었다. 그 도자기들은 지금도 거실에 있다.

익명으로 거액을 기부

최덕교는 학원장학재단과 밀알장학재단이 통합된 후인 2005년 12월 익명으로 장학 성금으로 1억 원을 기탁하였다. 박원선은 장학 성금을 기탁한 분이 최덕교 선생임이 밝히는 것이 더 의미가 있지 않겠느냐고 했더니 최덕교는 손을 내저으며 꼭 기탁자의 이름을 밝혀야 한다면 그저 '순덕회'라고 했으면 좋겠다고 하였다.

순덕회란 최덕교의 부인 백금순의 '순'자와 최덕교의 '덕'자를 따서 지은 이름이었다.

순덕회는 2005년 12월 23일 장학 성금 1억 원을 기탁한 데 이어 2006년 2월 14일 1천만 원, 2007년 3월 28일 1천만 원, 2008년 2월 14일 1천만 원을 추가로 기탁하였다.

2008년 8월 초 박원선은 최덕교 선생의 가족의 연락을 받고 1기 선배인 유재천과 함께 병원에 입원 중인 최덕교를 찾아갔다. 그 자리에서 최덕교는 유재천, 박원선을 보고 병원에서 상태가 좋아져 이제 곧 집에 갈 수 있다며 기분이 매우 좋아 보였다.

박원선도 최덕교 선생의 컨디션이 좋아 보여 정말 곧 퇴원할 수 있을 것으로 생각하고 안도하는 마음으로 병문안을 마치고 돌아왔다. 하지만 그 이틀 후 최덕규 선생의 부음 소식이 들려왔다. 며칠 전 병실로 찾아가 뵌 모습이 마지막이었던 것이다. 그런데 2018년 12월 15일 오전 최덕규 선생의 부인 백금순과 여섯 자매를 대표한 큰딸 최서래가 잠실의 학원밀알장학재단 사무실을 찾아왔다.

동덕여대 영문과 교수인 최서래는 "아버지는 어려움 속에서도 사회의 동량으로 커가는 장학생을 아껴왔다"라며 "이를 기억하는 어머니가 먼저 가족에게 유산을 기부하자고 제안하셨다"라고 했고 가족들 모두 이에 동의하였다는 것이다.

지금까지 순덕회 명의로 거액의 장학 성금을 기부해 오셨는데 유산을 기부한다니, 그 아버지에 그 부인 그 자식들이 아닌가. 유산을 놓고 한 푼이라도 더 가지려고 형제들 간에 법적 소송까지 하는 일이 흔한 세상에 어떻게 이렇게 아름다운 사람들이 있을까. 학원밀알장학재단 이사장을 맡고 있는 박원선은 저

절로 고개가 숙여졌다.

작고 후 유산까지 기부

최덕교 유가족이 학원밀알장학재단에 기부한 것은 최덕교가 1963년부터 운영한 출판사인 창조사의 대지와 건물이었다. 서울시 종로구 신문로2가 24-1 대지 152.10㎡ 및 그 지상 근린생활시설 59.5㎡가 바로 그것이었다. 바로 서울 시내 한복판에 있는 것으로 당시 시가로도 20여억 원에 달하지만, 그 대지와 건물이 갖는 상징성은 말로 표현하기 어려운 것이었다.

그 후 위 부동산은 2014년 돈의문 1구역 도시환경정비사업에 편입되어 학원밀알장학재단은 그 조합원으로서 종로구 교남동 일대에 신축된 경희궁 자이아파트 25평형 2동, 오피스텔 1동을 분양받았고 1억 8천여만 원의 현금을 정산금으로 지급받았다.

이로써 학원밀알장학재단의 기본 재산은 비약적으로 증가하게 되었고 장학사업을 좀 더 활발하게 이어 나갈 수 있는 토대가 된 것은 물론이다.

학원장학재단과 학원밀알회는 2010년 8월 10일 경기도 용인군 모현면 용인공원 묘원에서 열린 최덕교 선생의 2주기 기념식에서 최덕교 선생 추모비 제막식을 거행했는데 박원선은 추모사에서 "선생님께선 2008년 8월 10일 유명을 달리하셨지만 김익달 사장님, 학원 잡지, 대백과사전, 학원장학생을 한시도 잊은

적이 없으신 영원한 학원인이었습니다"라며 눈시울을 붉혔다.

제6기 학원장학생으로 대림대학교 총장인 제갈정웅은 추모비 후면에 "영원한 우리의 스승 되시네"라는 제목의 추모시를 비문으로 새겼다.

높을 최(崔)
큰 덕(德)자
가르칠 교(敎)자
함자대로 높고 큰 가르침을 주고 가셨으니
영원한 우리의 스승 되시네

비문에 새겨진 추모시의 마지막 구절이다.

박원선과 학원밀알장학재단
그리고 밀알회

—— 한평생을 한결같이

박원선은 2001년 9월 밀알장학재단의 이사장으로 선임되었고 2004년 2월에는 학원장학재단의 이사장을 겸하게 되었다. 그리고 밀알장학재단이 통합하여 2005년 1월 재단법인 학원밀알장학재단이 출범함에 따라 학원밀알장학재단의 이사장을 맡게 되었다.

박원선은 그로부터 2012년 12월 27일까지 학원밀알장학재단의 이사장직을 맡았고 후임 이사장으로 제5기 학원장학생 김완섭 변호사가 선임되었다. 하지만 박원선은 이사장직에서는 물러났으나 그 후로도 학원밀알장학재단의 이사직을 맡고 있었기 때문에 박원선이 맡은 일은 크게 달라지지 않았다.

그것은 후임 이사장이 재단 업무에 전념할 수 없는 사정이 있었기 때문이기도 했지만, 학원밀알장학재단의 업무에 하나부터 열까지 속속들이 알고 있는 사람이 없었기 때문이기도 했다.

장학 기금 확충

박원선은 1980년대 중반부터 학원장학재단의 이사직을 맡으면서 학원장학재단의 장학사업에 깊이 관여하고 있었다. 김익달 선사의 유지를 이어받아 학원장학재단의 이사장을 맡은 김영수도 김익달 선사의 장학사업의 숭고한 정신을 이해하고 이어가고자 하는 박원선의 진심을 잘 알고 있었기에 박원선을 학원장학재단의 이사로 선임하여 함께 일해왔다.

박원선이 통합된 학원밀알장학재단의 이사장을 맡았을 때인 2004년 12월 28일 현재 재단의 기본 재산은 총 945,703,112원이었다. 하지만 장학재단의 기본 재산이 10억여 원에 불과하다는 것은 앞으로의 지속적인 장학사업을 고려할 때 턱없이 부족한 규모였다.

박원선은 김익달 선사가 살고 있던 주택과 학원사의 도서 판권을 기본 재산으로 하여 학원장학재단을 설립한 사실도 잘 알고 있었고 출판업으로 얻는 수익 대부분을 장학사업에 쏟아부은 것도 잘 알고 있었다. 또 어떤 해에는 출판사의 부진으로 수익이 없을 때는 장학생을 뽑지 못한 경우도 여러 번 있었고 심지어 이미 뽑아 놓은 장학생들에게 지급할 장학금이 없는 경우에는 사채를 빌려 가며 장학금을 지급하는 것도 여러 번 곁에서 지켜보곤 했다. 그러니 장학재단의 기본 재산의 규모가 작다는 것은 언제든 장학사업이 중단될 수도 있다는 의미였다.

이제 박원선이 김익달 선사가 한국전쟁 중에 설립한 학원장학재단과 학원장학생 출신들이 설립한 밀알장학재단을 통합한 학원밀알장학재단의 책임을 맡은 것이다. 박원선은 재단의 기본 재산은 물론이고 밀알 회원들이 내는 장학 성금을 한 푼이라도 아껴서 장학 기금을 조금씩이라도 늘려나갔다.

2001년 4월에 준공한 다향빌딩 4층에 밀알장학재단 사무실을 무료로 입주시키고 밀알장학재단이 경매로 취득한 잠실의 한신 코아오피스텔을 임대하도록 한 것도 그 임대료 수입을 장학 기금으로 확보하기 위함이었다.

내조의 힘

박원선은 이사장으로 재직하는 동안 2005년부터 2008년까지 최덕교 선생 부부가 그 이름을 딴 '순덕회' 명의로 1억 3천만 원을 장학재단에 기부하였고 최덕교 선생이 유명을 달리한 후에는 그 유족들이 서울 신문로에 있는 창조사 건물과 대지를 기부함으로써 장학재단의 기본 재산은 비약적으로 증가하였다. 이로써 박원선이 이사장직에서 물러난 2012년 12월 말 현재 학원밀알장학재단의 기본 재산은 정기예금 등 동산이 10억 1천10만 원이고 부동산이 공시지가 기준으로 952,125,500원으로 증가하였다.

특히 최덕교 선생 유족들이 기증한 종로구 신문로의 창조사 건물 및 대지는 돈의문 도시환경정비사업에 따른 재개발 사업으로 아파트 단지가 들어서게 되어 학원밀알장학재단은 경희궁 자이 아파트 2동과 오피스텔 1동을 분양받았고 현금 정산금 1억 8천만 원까지 받게 되어 2017년 9월경 기본 재산은 정기예금 1,010,100,000원 및 부동산은 공시지가 기준으로 1,248,341,000원이 되었다.

박원선은 2000년 2월 17일 광희중학교 교장을 끝으로 35년간 몸담았던 교직에서 정년 퇴임하였는데 원래는 2000년 9월이 퇴임 날짜지만 박원선이 원해서 7개월 일찍 퇴직했다.

주위에서는 9월에 퇴직하지 왜 일찍 퇴직하려 하느냐고 말렸지만, 학년 중간에 학교 교장이 바뀌는 것이 학사 행정과 학생들에게 줄 혼란을 염려하여 2월에 퇴직하기로 한 것이다.

박원선은 퇴직연금으로 받은 3천800만 원 중 1천500만 원을 장학재단에 기부하였다. 그리고 밀알장학재단의 이사장을 맡은 후에는 매년 1월 2일 오후가 되면 바로 은행으로 달려가 1천만 원을 장학 성금으로 기부했다. 2일 오전에 바로 은행으로 가지 않은 것은 누군가가 2일 오전에 입금해서 그해 장학 성금 1호 기부자가 되었으면 하는 바람이었다. 그만큼 박원선은 장학사업을 이어 나가려면 장학 기금 확충이 절실하다고 생각했던 것이다.

밀알 회원들도 박원선의 이러한 마음에 공감하고 매년 1억 2천만 원에서 1억 8천만 원 정도의 장학 성금을 기부해주어 장학재단의 재정을 든든하게 받쳐주었다.

학원밀알장학재단이 받은 경복궁 자이아파트 2동과 오피스텔 1동에 대한 임대수익은 장학생들에게 지급할 재원으로 사용할 수 있었고 밀알 회원들은 매년 장학 성금 또한 꾸준히 기부하고 있으므로 이제 학원밀알장학재단의 재정 상태는 어느 정도 안정되어 매년 12명에서 15명 정도의 신규 장학생을 선발할 수 있는 규모가 되었다.

박원선은 2018년 2월 학원밀알장학재단의 이사직에서도 물러나 공식적으로는 재단에서 아무런 직책도 갖지 않았다. 하지만 '다향'에서 모이는 월례회는 물론이고 밀알회가 개최하는 장학생들의 하계 수련회나 동계 수련회 등에도 거의 빠짐없이 참석하여 장학생들을 격려했다.

'다향'에서 모이는 월례회 때 가끔 박원선의 아내 주경지가 밀알 회원들에게 인사차 얼굴을 내비치면 1기 유재천 등 이른바 밀알회 원로 회원들은 '박원선 선생이 이렇게 장학회 일을 열심히 할 수 있는 것은 다 주 여사 덕분이고 모든 밀알 회원들이 정말 잘 알고 있고 늘 감사해하고 있다'고 했다. 그런 말을 들을 때마다 주경지는 살짝 얼굴을 붉히며 그저 '더 필요한 게 있으면 언제든 말씀하세요'라고 할 뿐이었다.

평생을 희생정신

주경지의 장학회와 밀알회에 대한 마음은 박원선도 잘 알고 있었고 늘 고마울 따름이었다. 늘 월급봉투가 비어도 타박하지 않았고 퇴직금의 절반을 장학 성금으로 기부해도 불평하지 않았고 다향빌딩 4층을 무료로 재단 사무실로 내주어도 잘했다고 했고 월례회 때마다 밀알 회원들이 다향의 2층을 전세 내다시피 점령해도 늘 웃는 낯으로 밀알 회원들에게 맛있는 음식을 내주었다.

음식값은 받는다고 하였지만 사실 실비에도 미치지 못하는 금액임을 박원선은 잘 알고 있었다. 언제나 자신과 같은 방향을 바라보고 함께해 준 아내가 있어 고맙고 든든했던 것이다.

제2기 학원장학생이며 김익달 선사와 오랫동안 함께 일한 김경회는 박원선이 학원밀알장학재단의 이사장직을 물러날 때 "박원선 이사장님의 이임식에서"라는 긴 글로 박원선의 그동안의 공적을 기리며 이를 밀알 회원들과 공유했다.

김경회는 위 글에서 "정말 이분은 학원밀알장학재단과 밀알회를 위해 태어나신 분이구나 라는 생각을 하게 됩니다. 희생정신이 따르지 않으면 해낼 수 없는 장학재단의 일을 하면서 힘들 때마다 선대 김익달 이사장님을 생각하며 힘을 얻는다는 박 이사장님의 '김익달이 교주라면 나는 영원한 광신도가 되겠다'는 말씀은 한 치의 오류 없이 박 이사장님을 가장 잘 대변해 주는 말 같습니다. 이제 이사장직을 후배에게 물리시더라도 늘 건강한 모습으로 조언해 주시고 장학생들을 사랑해 주실 줄 믿습니다. 이 자리를 빌려 부인 주경지 여사의 장학생 사랑과 박 이사장 못지않은 재단에 대한 헌신적인 협조 너무나 감사했습니다. 감사합니다"라고 했다.

밀알 회원들도 말은 하지 않았어도 주경지 여사의 장학재단에 대한 헌신을 너무나도 잘 알고 있었던 것이다.

5장
세상에서 받는 도움을 다시 세상으로

혼자보다는 함께
–함께는 나라를 살리는 길

소중한 인재들, 함께하는 밀알로
–꿈을 실현하기 위한 여러 가지 실질적 방법

밀알회 월례회
– 정보와 지식이 흐르는 네트워크

김익달 선사 탄신 100주년 기념사업
–한국 문화사에 큰 발자취

영원한 밀알인

밀알회 월례회는 밀알 회원들의 친목과 우의를 도모하는 친목 모임을 넘어 지식과 정보가 흐르는 밀알 회원들의 네트워크가 되었다.

혼자보다는 함께

학원장학생이든 밀알장학생이든 장학생으로 선발된 학생은 한 사람 한 사람이 모두 뛰어난 인재이고 장차 이 나라의 동량이 될 사람임에는 틀림없었다. 하지만 장학회를 설립하고 장학금을 주는 목적은 장학생 개개인의 성공이나 출세만을 위한 것이 아니었다.

개인의 성공을 넘어 나아가서는 우리 사회를 좀 더 나은 사회로 이끌어갈 인재를 양성하기 위한 것이었다. 그러기 위해서는 한 사람의 천재보다는 여러 사람이 같은 꿈을 가지고 힘을 모아 함께 나아가야 했다.

6·25 한국전쟁 중 피난지 대구에서 학원을 창간하고 학원장학회를 설립하여 1952년 2월 22일 제1기 학원장학생을 선발한

김익달의 철학과 국가관은 '나와 남과 나라는 하나'라는 삼위일체관이었다. 그는 장학생들에게 늘 '천재가 따로 없다. 20대에 가졌던 정열을 40대까지 지속시킬 수 있는 사람이 곧 천재다'라고 하며 올바른 길, 즉 정도(正道)를 가라고 당부했다.

그가 말하는 정도는 "나를 살리는 길이오, 남을 살리는 길이오, 동시에 나라를 살리는 길"이라는 것이었다.

언행일치

김익달은 그의 생각을 말만으로 그친 것이 아니었다.

한국전쟁이 휴전으로 끝난 지, 며칠 되지 않은 1953년 8월 1일 전국 각지에 있던 제1기 학원장학생 12명을 모두 불러 모아 4박 5일간의 이른바 '하기 수양회'라는 것을 실시했다. 김익달은 4박 5일 동안 장학생들과 한가족처럼 지내며 대구, 경주, 포항 등지의 유적지를 둘러보고 장학생들 간의 친목과 우의를 다지게 했다. 혼자가 아니라 올바른 가치관을 가지고 함께 같은 꿈을 꾸려면 서로 알고 소통하고 형제처럼 우애가 돈독해야 한다는 것이었다.

전쟁이 끝난 지 며칠 되지도 않았는데 4박 5일간의 하기 수양회라니 장학생들에게 이건 당시로써는 상상조차 하지 못했던 사치스러운 휴가이고 정말 꿈같은 별세계나 다름없었다. 그러니 그때 모인 제1기 학원장학생 12명의 관계가 형제보다도 더 돈독하고 끈끈해졌음은 당연한 일이었다.

박원선은 1955년 2월 25일 이전문, 이종철, 장기욱 등과 함께 제3기 학원장학생으로 선발되었는데 모두 12명이었다.

박원선은 김익달이 장학생들에게 장학금을 주는 데 그치지 않고 출판사가 어려워도 여름이면 꼭 장학생들을 불러 모아 하기 수양회를 열고 서로 친목과 우의를 다지도록 한 것을 잘 알고 있었다.

선후배 화합의 장

2004년 2월 학원장학재단 이사장 김영수의 간곡한 요청에 따라 밀알장학재단의 이사장을 맡고 있던 박원선은 학원장학재단의 이사장이라는 중책까지 맡게 되었다. 돌이켜보면 1955년 제3기 학원장학생으로 선발되어 30여 년 김익달 선사님과 함께했던 일들이 주마등처럼 스쳐 지나가는데 선사님께서 경제적으로 어려울 때 사채까지 얻어가며 장학금을 주었던 때를 회상하니 저절로 눈시울이 뜨거워졌다.

이제 선사님이 평생의 과업으로 그 무엇보다 심혈을 기울였던 인재 양성의 과업을 자신이 맡게 되었으니 박원선 또한 이를 소명으로 받아들여 최선을 다해 훌륭한 장학재단으로 키우겠다고 다짐했다.

그런데 두 장학재단의 이사장을 맡고 있던 박원선은 시급히

두 가지 과제를 해결해야 했다. 학원장학생 출신의 밀알회 회원들의 뜻을 모아 설립한 밀알장학재단이 1998년 2월 제1기 밀알장학생 7명을 선발한 것을 비롯하여 2004년 2월에는 제7기 밀알장학생 10명을 선발하였으므로 이미 밀알장학생은 55명이 되었다.

물론 학원장학재단도 2003년 2월 제33기 학원장학생 10명을 선발하였으므로 학원장학생은 이미 사회에 진출한 수까지 합쳐 500여 명이 넘었다.

밀알장학재단은 학원장학생 출신의 밀알 회원들이 기금을 출연하여 설립한 재단이므로 사실 같은 뿌리에서 나온 것이었다.

그런데 문제는 학원장학생과 밀알장학생을 따로따로 선발하고 두 장학회의 장학생들 간의 인적 교류도 없었던 것이었다. 김익달 선사가 장학회를 설립하고 우리 사회의 동량이 될 인재를 키움에 있어서 '혼자보다는 함께'라는 기본정신에도 맞지 않았던 것이다.

이에 박원선은 우선적으로 두 가지 과제를 해결해야 했다.

*

첫째는 서로 다른 환경에서 장학생으로 선발된 학원장학생과 밀알장학생 간의 소통과 친교를 확대하는 일이었다. 이는 장학생들 상호 간의 수평적, 수직적인 인적 교류를 통해 우리 사회의 밀알이 되는 같은 꿈을 꾸는 소중한 존재임을 인식시키는 것이었다. 그저 공부는 잘하는데 형편이 어려워서 장학금을 받는 것으로 그치는 것이 아니고 함께 뜻을 모아 우리 사회의 보다 나은 미래를 열어갈 주인공으로 키우기 위해서는 꼭 필요한 일이었다.

둘째는 학원장학재단과 밀알장학재단의 두 장학재단의 이사장을 맡고 있을 때 두 장학재단을 통합하여 명실상부한 인재의 요람으로 만드는 것이었다.

*

시급한 두 가지 목표를 정하자 박원선은 마음도 급해져 즉각 실행에 들어갔다. 즉 우선 두 장학재단의 장학생들의 친목과 우의를 도모하는 기회를 만들기로 한 것이다.

학원장학재단 이사장을 맡은 지 일주일만인 2004년 2월 24일부터 2박 3일 일정으로 제주도 동계 수련회를 실시하기로 한 것이다. 그러나 박원선의 마음과 기대와는 달리 서둘러 실시한 동계 수련회에는 밀알장학생 출신 14명, 학원장학생 출신 2명 합계 16명만이 참석하여 기대에는 크게 못 미쳐 아쉬움이 컸다.

하지만 2004년 8월 6일부터 8일까지 실시한 하계 수련회에는 학원장학생, 밀알장학생, 밀알 회원 등 64명이 참석하여 큰 성황을 이루었다.

박원선은 이러한 하계 수련회의 성황에 희망을 얻고 지속적인 동계 수련회, 하계 수련회가 장학생들 상호 간은 물론이고 밀알회 선후배들과의 화합의 장이 되고 이는 곧 우리 사회에도 좋은 에너지를 가져다주는 계기가 될 수 있다고 생각했다.

한국의 압축성장

오늘날 전쟁의 폐허 위에서 70여 년 만에 세계 최빈국에서 선진국으로 도약한 대한민국의 압축성장을 연구하는 해외의 대학과 연구기관들은 과연 이러한 인류사의 기적의 비결이 무엇인지 궁금해했다. 왜 한국보다 좋은 조건에서 출발한 수많은 나라는 한국처럼 성장하지 못했을까. 그 나라들은 전쟁으로 황폐화되지도 않았고 한국에 비해 자원도 풍부했고 대부분 영토도 한국보다 컸다.

뿐만 아니라 1인당 국민소득도 한국의 몇 배가 넘었지만, 그 나라들은 아직도 개발도상국이거나 중진국 함정에 빠져 헤어나오지 못하고 있다.

오직 한국만이 2차 대전 후 원조받던 후진국에서 원조를 주는 선진국으로 도약한 유일한 나라였던 것이다.

해외 유수 대학과 연구기관들의 경제개발모델을 연구하는 전문가와 사회심리학자들이 내린 결론은 그 비결의 핵심을 한국의 집단지성이라고 진단했다.

한국인은 평소에는 지극히 개인주의적이지만 어떤 스위치가 켜지면 집단 모드로 전환되는데 그 속도가 다른 나라와는 비교가 되지 않을 정도로 빠르다며 이를 순간적 집단전환 능력이라고 했고 어떤 학자는 이를 한국형 집단지성 시스템이라고 했다.

쉽게 말해 한국인 하나하나는 평소에 서로 치열하게 경쟁하고 개인의 이익을 추구하지만, 위기가 오거나 어떤 신호가 오면 집단으로 전환하여 우리가 된다는 것이다.

학원장학회나 이에 뿌리를 둔 밀알장학회의 장학생들은 비록 그 숫자는 많지 않지만 모두 이 나라의 동량이 될 가능성이 있는 인재들이었다.

학원장학회를 설립한 김익달이나 그 정신을 이어받은 박원선 역시 한 사람의 뛰어난 천재보다 여러 사람이 같은 가치를 공유하고 같은 꿈을 꿀 때 더 큰 힘을 발휘한다는 것을 본능적으로 잘 알고 있었던 것이다.

박원선이 장학생들에게 학업을 이어 나갈 수 있는 장학금을 주는데 그치지 않고 하계 수련회, 동계 수련회를 통해 전국에 흩어져 있는 장학생들과 밀알 회원들을 모아 장학생들 상호 간은 물론이고 선후배 간의 친목과 우의를 돈독히 하여 "혼자보다는 함께"라는 것을 강조하는 것도 바로 이 때문인 것이다.

소중한 인재들, 함께하는 밀알로

── 꿈을 실현하기 위한 여러 가지 실질적 방법

박원선은 2004년 2월 학원장학회와 밀알 장학회의 제도적, 형식적 통합을 넘어 실질적, 융합을 위해 계획했던 2박 3일간의 제주도 동계 수련회가 너무 서두른 탓에 기대에 못 미쳤다는 생각에 다시 제주도 동계 수련회를 계획했다.

학원장학생과 밀알장학생 및 밀알 회원 다수가 참여하여 장학생 동기 간은 물론 선후배와의 만남을 통해 친목을 도모하고 각자의 꿈과 그 꿈을 실현하기 위한 여러 가지 실질적 방법과 방향을 토론하고 공유하는 것은 인재를 키우고자 하는 장학재단의 정신에 부합할 뿐만 아니라 꼭 필요하다고 생각했기 때문이다. 그런데 동계 수련회라고는 하지만 장학생과 밀알회 회원 수십 명이 2박 3일간 제주도 여행을 한다는 것은 아무리 절약한다고 하더라도 그 소요되는 경비가 만만치 않았다. 그렇다고 장학재단 기금을 2박 3일간의 제주도 여행 경비로 지출할 수는 없었다.

박원선은 2005년 12월 다시 사회 각 분야에 진출하고 있는 밀알 회원들에게 공문을 보내어 그 취지를 설명하고 자신의 능력에 맞게 한 구좌 당 30만 원 정도로 하여 장학생들의 동계 수련회 경비로 쓸 비용을 밀알회 경비나 장학재단 성금과 구별할 수 있도록 박원선 개인 구좌로 보내도록 했다.

공문을 받은 밀알 회원들은 학원장학회와 밀알장학회의 실질적인 통합을 위한 제주도 동계 수련회의 취지에 절대적으로 공감하고 모두 52구좌에 달하는 금 1천560만 원의 지원금을 박원선 개인 계좌로 송금하였다.

물론 그중에는 10만 원, 20만 원을 보낸 밀알 회원도 있었고 1구좌만 아니라 3구좌에 해당하는 90만 원을 송금한 밀알 회원도 여럿 있었다.

제주 토박이 강세범

2006년 2월 15일부터 2월 17일까지 개최된 학원밀알장학생 통합 동계 수련회에는 학원장학생 10명, 밀알장학생 15명 총 25명의 대학생이 참여하였고 학원장학생 10기 전종봉 사장과 학원장학생 13기 이기헌 명지대 교수가 장학생들을 인솔하였다. 수련회에 참여한 장학생들은 학원과 밀알이 한 뿌리이고 밀알 회원들은 학창시절부터 친교를 나누는 전통을 확인하고 장차 우리 사회의 어느 분야로 나가든 함께 학원밀알정신을 이어 나가자는 결의를 다지는 등 큰 성과를 거두었다.

수련회에 참가한 학생들은 처음에는 서로 얼굴도 이름도 생소하여 어색해하다가도 금방 친해지고 자연스럽게 어우러졌다. 수련회에 참가했던 33기 남정용은 "항상 그렇지만 장학회 사람들은 이상하게도 미묘한 무엇인가에 속해 있는 듯, 서로에게 동질감을 느끼는 듯, 처음 만난 사람들이 많은데도 금세 어우러지고 만다"고 했으며, 같은 33기인 고재상은 "언제부터인가 우리는 '학원밀알'할 것 없이 밀알 특유의 유대감으로 하나가 되어가고 있었다"라며 수련회에 대한 후기를 〈밀알지〉에 게재했다. 또한 34기 김봉현은 "정말 열심히 살아서 꼭 사회에 도움이 되는 사람이 돼서 지금까지 받은 거 이제는 환원할 줄 아는 사람이 되어야겠다"라며 수련회가 끝난 후 제주도 여행을 마련해준 밀알 선배들에 대한 감사와 함께 자신의 각오를 밝히기도 했다.

박원선은 이번 제주도 수련회를 위해 학원장학생과 밀알장학생들의 출신학교 학적부까지 하나하나 열람하여 1백 통이 넘는 전화를 직접 걸었다. 장학생뿐만 아니라 그 부모님에게도 수련회의 의미를 설명했던 것이다. 장학생들은 우리 사회의 소중한 인재들일 뿐만 아니라 함께 할 밀알들인 것이다.

2월 16일 저녁에는 제주도 토박이며 학원장학생 제18기인 강세범 치과 원장이 수련회 참가하는 전원을 저녁에 초대하여 선후배 간의 우의를 돈독히 하는 자리를 마련해 주어 수련회의 취지를 더욱 빛내주었다. 사실 강세범에게 장학회 후배들과의 만남은 특별한 의미가 있었다.

강세범은 1979년 제18기 학원장학생으로 선발되었는데, 제주 오현고등학교를 졸업하고 서울대학교 치과대학에 진학했는데 그 이후 학원장학재단의 재정이 어려워져 5년 동안이 장학생을 선발하지 못해 후배가 없었던 것이다.

그러던 차에 1984년 3월 2일 5년 만에 제19기 학원장학생 21명을 선발하였는데 장학생회 회장을 맡고 있던 강세범으로서는 이제 드디어 장학생 후배가 생겼다는 기쁨에 나름 야심 찬 계획을 세웠던 것이다.

선후배 간의 우애는 물론이고 후배들에 대한 진로 상담 역시 선배들의 몫이라고 생각한 강세범은 1984년 겨울 방학을 이용하여 지방에 있는 제19기 장학생들을 서울로 불러올린 것이다.

강세범의 이른바 대학생 총동원령에 대학생 17명이 호응하였고 지방에 있던 제19기 장학생인 중학생 14명이 서울로 상경하여 일단 함께 여관에 투숙시킨 뒤 강세범은 김익달을 찾아가 이 사실을 고하고 장학생들과 함께 인사를 오겠다고 하였다고 한다. 하지만 김익달 이사장님께 칭찬받을 줄 알았던 강세범에게 떨어진 것은 김익달의 진노와 불호령이었다.

김익달은 "학생들이 여관에서 자다가 연탄가스 중독이라도 되면 어찌하려고 상경시켰냐? 당장 내려보내라"고 호통을 친 것이다. 강세범은 당황하여 어쩔 줄 몰라 하다가 결국 박원선을 찾아갔다.

"큰일 났습니다. 선배님 어쩌면 좋겠습니까?"

박원선은 강세범으로부터 자초지종을 다 듣고 난 뒤 후배들을 격려하려는 그 뜻이 참으로 기특하여 "일단 우리 집으로 모두 데리고 오라"고 하고 아내 주경지에게는 사정을 설명하고 장학생들을 위한 음식 준비와 잠자리 등 준비를 부탁했다. 그러고는 김익달을 찾아가 학생들이 모두 안전하게 방배동 자신의 집에 모여 있으니 함께 가시자고 하여 모시고 왔다.

후배들에게 진로 상담

당시 박원선의 방배동 아파트는 비록 전세이기는 하나 70평 가까이 되어 방이 6개나 있어 그런대로 30명이 넘는 장학생들이 함께 식사하고 잠자는 것이 불가능한 것은 아니었다. 무엇보다 언제나 자신을 든든히 지지해 주는 아내 주경지가 있지 않은가.

김익달이 들어오자 30명이 넘는 장학생들은 모두 일어나 박수치고 환호했다. 김익달은 언제 자신이 당장 내려가라고 호통을 쳤느냐는 듯 장학생들을 보자 만면에 흐뭇한 미소를 지으며 장학생들에게 하고 싶은 말들을 쏟아내기 시작했다.

장학생 하나하나를 일일이 챙기며 장래 희망을 묻고 국가와

민족을 위해 젊은이들이 어떤 각오로 공부하고 실력을 쌓아야 하는지, 또 사회로 나가면 반드시 자신이 받은 도움을 나에게 갚으려 하지 말고 후배들에게 갚으라는 평소의 지론을 열정적으로 들려주었다. 장학생들은 모두 김익달의 말을 한마디도 놓칠세라 저녁 식사도 잊은 채 경청했음은 물론이었다.

결국 밤 10시가 넘어 자정이 다 되도록 안주인 주경지는 찌개가 식으면 다시 데워오고 또 식으면 다시 데워오고를 여러 번 반복해야만 했다. 하지만 1984년 12월 26일 저녁 강세범의 기발한 생각에 기인하여 박원선이 갑자기 마련한 방배동 집에서의 김익달과 밀알 회원, 장학생들 간의 저녁 식사가 김익달 생전의 장학생들과의 마지막 만찬이었다.

박원선은 갑자기 마련한 자리였지만 장학생들을 보고 마냥 즐거워하던 김익달의 모습이 아직도 생생하여 잊을 수가 없었다.

이튿날 강세범과 동기 대학생들은 지방에서 올라온 제19기 장학생들에게 서울대학교 관악 캠퍼스 투어를 시켜주며 진로 문제를 고민하는 후배들에게 경험에서 우러나오는 구체적인 진로 상담을 해주었다.

후배들을 격려하고 진로 결정에 조금이라도 도움이 되었으면 하는 장학생 선배들의 열정은 5년간의 공백에도 여전히 빛나고 있었던 것이다.

밀알회 월례회

── 정보와 지식이 흐르는 네트워크

밀알 회원들의 모임인 밀알회의 주요 행사로는 연말에 밀알 회원과 장학생이 함께 모이는 정기총회와 여름과 겨울에 고등학생 및 대학생들을 대상으로 한 하계 수련회와 동계 수련회가 있다. 하지만 밀알회 모임의 꽃은 뭐니 뭐니 해도 매월 22일에 열리는 월례회였다.

90대 원로 선배도 함께

월례회는 김익달 선사가 1953년 2월 22일 제1기 장학생을 선발한 것을 기념하여 매월 22일에 모이는데 제1기 학원장학생 출신부터 대학 재학생까지 함께 모이고 연령과 성별, 직업 등 그 어떤 제약도 없다. 그러니까 90대의 원로 선배가 이제 막 대학생이 된 젊은이와 같은 자리에서 대화하고 함께 소주잔도 기울일 수 있는 자리인 것이다.

밀알 회원들은 누구나 평소에는 자기 분야에서 일하느라 바쁘더라도 매월 22일에는 다양한 분야에서 일하는 선배, 동기·후배들과 만날 수 있는 월례회 모임에 깊은 애정을 가지고 있었다. 그것은 밀알회의 목적이 밀알 회원들 간의 친목과 우의를 다지는데 그치는 것이 아니라 함께 힘을 모아 사회에 봉사하는데 있음을 잘 알고 있기 때문이다.

실제로 월례회 모임은 특별한 형식도 없고 참석 여부도 자유이며 참석에 따른 회비 부담도 일절 없었지만, 그 모임에서 이루어지는 논의나 대화는 진지하고 따뜻했다.

보통은 어느 모임이나 그렇듯이 선후배와 동료들이 만나면 서로의 안부를 묻고 이어서 각자의 분야에서 어떤 일을 하고 있는지, 어떤 어려움이 있는지 밀알 회원들이 서로 도움을 줄 수 있는 방법이 있는지 등 그 어떤 주제든 격의 없이 얘기할 수 있었다.

학원장학회 후원하는 밀알회

1953년 2월 22일에 제1기 학원장학생 12명이 선발되었고 그 역사가 70여 년에 이르러 전체 장학생 수도 1천여 명이 넘고 각자의 전공 분야도 다양하여 학계, 의료계, 관계, 법조계, 정계, 경제계뿐만 아니라 농업, 해양, 문화예술 분야 등 우리 사회 곳곳에 밀알 회원들이 활약하고 있었다. 그러니 밀알회 월례회는 그 구성원의 성격상 단순한 친목 모임이 아니라 지식과 정보가 흐르는 일종의 네트워크였던 것이다.

하지만 초창기 월례회는 밀알 회원수도 많지 않았고 밀알 회원들이 우리 사회 각 분야에서 자리를 잡아가는 과정이었기 때문에 참여하는 회원수가 그리 많지는 않았다.

그래도 매월 22일에 정기적으로 모임을 가지려면 회원들이 쉽게 올 수 있도록 교통이 편한 곳에 위치한 장소가 필요해 80년대 중반까지는 주로 청진동에 위치한 '경주집'에서 모임을 가졌고, 80년대 후반에는 강남에 거주하는 밀알 회원들이 늘어남에 따라 서초동의 '옛동네' 또는 논현동의 한정식집 '목화' 등에서 모였다.

박원선은 1979년부터 밀알회 회장을 맡으면서 월례회를 활성화하기 위해 각 기별 감사를 정하여 연락이 끊긴 밀알 회원을 발굴하도록 했고 밀알회의 소식을 전 밀알 회원에게 수시로 전할 수 있도록 매월 '밀알 통신'을 발행하도록 했다.

이렇게 밀알 통신은 1984년 1월에 첫 호가 발행된 뒤 그 후부터는 매달 밀알 회원들에 관련 새로운 소식, 공지사항 등이 전 밀알 회원들에게 전달되었다.

또 박원선은 출판 등 사업 일선에 물러나 재정적으로 어렵고 당뇨 등으로 건강이 악화되었음에도 장학생들에 대한 장학금 지급만큼은 사채를 얻어서라도 기일을 꼭 지키는 김익달 선사의 장학사업에도 밀알회가 힘이 되어야 한다고 생각했다.

박원선은 밀알회 총회의 의결을 거쳐 밀알회 운영회비를 회원 각자의 연간 소득의 1% 범위에서 내는 연회비와 이와는 별도로 특별회비를 낼 수 있도록 밀알회 규정을 정비했다. 그리고 회원들이 내는 회비를 기금으로 모아 학원장학회를 후원할 수 있도록 하였다.

친목 도모뿐만 아니라 역량 강화

90년대 들어 월례회는 다시 중구 다동의 '부민옥'으로 옮겨 개최되는 등 월례회 장소 문제는 월례회 활성화와도 관련이 있어 밀알회 회장단의 과제 중 하나였다.

결국 이러한 월례회 장소 문제는 2001년 3월 박원선의 아내인 주경지가 그동안 음식점을 운영하여 알뜰히 모은 자금으로 서초동에 다향빌딩을 신축하고 1층에 '다향식당'을 개업함으로써 해결되었다. 뿐만 아니라 다향빌딩 401호는 밀알 회원들이 설립한 밀알장학재단의 새로운 보금자리가 되었는데 신축건물임에도 불구하고 박원선 부부는 재단 사무실에 대한 임대료를 일절 받지 않았음은 물론이었다.

이로써 1999년 6월 밀알장학재단이 경매를 통해 취득한 한신

코아오피스텔을 임대할 수 있게 되었고 그 임대료 수입은 고스란히 밀알장학재단의 기금으로 적립할 수 있었던 것이다.

이제 '다향'은 밀알장학재단만의 보금자리가 아니었다. 박원선은 매월 22일 다향 2층을 월례회 장소로 제공했다. 넓은 공간과 밀알 회원들만의 편안한 분위기, 거기다가 '다향'의 맛깔스럽고 정갈한 음식까지 더해지니 이제 밀알회 월례회는 더 많은 밀알 회원들이 참여하고 싶어하는 모임이 되었다.

밀알회 월례회가 새로운 보금자리를 안정적으로 확보한 것은 밀알회의 설립 취지를 다시 한번 돌아보는 계기가 되었다. 회원들의 친목 도모와 장학재단 기금 모금에 기여하는 정도에 그쳐서는 안 된다는 취지였다.

밀알회가 힘을 모아 사회에 봉사하려면 먼저 밀알 회원들 개개인의 역량을 강화하고 밀알정신을 계승하는 동기화가 필요하다고 의견이 모아졌다.

그 실천 방법으로 제시된 것이 월례회 때 식사 전 미리 선정된 밀알 회원이 20~30분 정도 주제 발표 또는 특강을 하고 토론하는 시간을 갖는 것을 제도화하자는 것이었다. 박원선 이사장과 밀알회 회장단, 월례회에 참석한 밀알 회원들 모두가 이러한 제안에 공감하고 적극적으로 찬성하였음은 물론이었다.

화려한 특강

특강의 첫 번째는 2010년 7월 월례회에서 제1기 학원장학생이며 상지대학교 총장과 KBS 이사장을 역임한 유재천의 "언론의 이해"였다. 그다음 월례회에서는 제2기 장학생 김경회의 "밀알회와 학원장학재단", 제3기 장학생 박원선의 "선사님과 장학생에 얽힌 뒷이야기" 등이 차례로 이어졌다. 그 후의 월례회에서는 점차 각 분야의 최전선에서 일하고 있는 젊은 밀알회 회원들이 특강을 받게 되었다.

- 서울의대 교수인 제15기 박경수의 "내분기계의 건강 상식"
- 역사학자인 제7기 강정식의 "서울의 역사적 발자취"
- 서울대 천문학과 교수인 제14기 이명균의 "별과 천문학"
- 제11기 윤상일 변호사의 "법과 문학의 촌수"
- KAIST 교수인 제12기 조동호의 "무선 충전 전기차의 시대"
- 기획재정부 장관을 역임한 제7기 윤증현의 "한국의 정치와 경제"
- 한국인터넷진흥원의 연구원인 제19기 황성원의 "스마트폰 올바로 사용하기"
- 대림대학교 총장을 역임한 제6기 제갈정웅의 "감사는 과학이다"
- 중국문화 연구를 전공하는 제41기 신문경의 "중국문화와 여행"

- 전 국회의원 제4기 박범진의 "통일 전망과 우리의 과제"
- 갤러리를 운영하는 제20기 허우녕의 "현대미술의 이해"

정말 다양한 분야에 관한 수준 높은 특강이 진행되어 밀알 회원들의 참여와 호응은 점점 그 열기를 더해갔다.

밀알회 대선배들로부터는 평생을 한 분야에서 연구하며 쌓아온 경륜에서 우러나는 해박한 지식과 지혜를 들을 수 있었고 젊은 밀알 회원들의 특강에서는 새 시대의 지식과 감각 그리고 미래를 향한 열정을 느낄 수 있었다.

특히 젊은 밀알 회원들은 각 분야에서 이미 대가로 인정받은 선배들도 후배들과 같이 강의를 듣고 있는 만큼 그 준비에 소홀할 수 없어 강의가 전문인 아닌 밀알 회원들에게 월례회 특강은 자신의 역량을 키울 수 있는 훌륭한 기회가 되기도 했다.

이렇게 밀알회 월례회는 밀알 회원들의 친목과 우의를 도모하는 친목 모임을 넘어 지식과 정보가 흐르는 밀알 회원들의 네트워크가 되었다. 그리고 이러한 네트워크가 활발하게 작동하고 풍성한 결실을 맺을 수 있었던 것은 언제나 장학회와 밀알회가 그의 전부라고 생각하는 박원선이 있었고 또 그의 아내 주경지가 운영하는 '다향'이 있었기 때문이었다. 또 밀알회 사무총장으로 오랫동안 밀알회의 궂은일을 도맡아 해온 제10기 전종봉의 헌신이 있었다.

한편 밀알회 월례회는 서울에서 개최할 수밖에 없어 지방에 있는 밀알 회원들은 참여하기가 어려운 것이 사실이었다. 이에 밀알회에서는 지방에 있는 밀알 회원들의 모임을 활성화하기 위해 각 지역별로 밀알회 지부를 결성하기로 하였다.

이에 따라 대구·경북지부, 대전·충청지부, 광주·호남지부, 부산·경남지부가 차례로 결성되어 정기적으로 모임을 갖게 되었는데 박원선은 각 지부 결성 때에는 물론이고 지부의 정기적인 모임 때에도 거의 빠짐없이 참석하여 밀알 회원들을 격려하곤 했다.

몸살로 몸져누웠다가도 장학회와 밀알회 일이라면 벌떡 일어난다는 아내 주경지의 말처럼 장학회와 밀알회는 그의 삶 자체였던 것이다. 아마도 그것은 오래전 김익달 선사로부터 받은 은혜에 대해 "내게서 받은 도움을 나에게 갚지 말고 후진들에게 갚으라"라는 선사의 말을 가슴에 새기고 이를 지키겠다는 자신과의 약속 때문인지도 모르겠다.

김익달 선사 탄신 100주년 기념사업

― 한국 문화사에 큰 발자취

2014년 후반 다향에서 개최된 수차례의 월례회는 2016년 5월로 다가온 김익달 선사 탄신 100주년 기념사업에 대한 논의가 주를 이루었다.

김익달 선사는 밀알 회원들에게만 특별한 것이 아니라 우리나라 언론이 김익달 선사를 가리켜 '출판계의 대부', '문화의 투기사', '문화의 지렛대' 등으로 불렸고 누군가는 한국전쟁 이후 한국에 가장 공로 있던 사람으로 부르기도 하였다.

또한 언론이 이미 지적했듯이 김익달은 세상에서 자신이 한 일이 대단하다고 생각하지 않았고 자신의 이름이 거론되기를 원치 않았다. 하지만 이제 2016년이면 김익달 선사의 탄신 100주년이 된다. 언론은 숨겨졌던 이름 석 자가 새로운 백과사전에 들어갈 때가 됐다고 했지만, 그것은 역사에 맡길 일이고 밀알 회원들은 김익달 선사 탄신 100주년을 맞이하여 그분의 '나라 사랑, 인재 사랑' 철학을 널리 알리고 세상을 이롭게 하는 한 줌의 기름진 흙을 보태는 밀알이 되라는 밀알정신을 다시 한번 되새기는 계기를 만들고자 했다.

이렇게 하여 기념사업으로 논의하여 결정 난 것이 5년마다 발행하는 밀알지를 "선사님 탄신 100주년 기념 특집호"로 발행하고 '기념 세미나'와 '기념 전시회'를 개최하고, '김익달 평전'을 발간하는 것이었다.

또 이와 같은 선사님 탄신 100주년 기념사업을 진행하기 위해서는 적지 않은 예산이 필요한 것은 당연했으므로 월례회에서는 그 비용을 조달할 방법에 대하여도 구체적인 논의가 이루어졌다.

아무리 100주년 기념사업이라 하더라도 장학재단의 기금을 사용할 수는 없다는 것에 모든 밀알 회원들이 공감하고 있었고 밀알회 운영회비로는 큰 행사를 준비하는데 턱없이 부족할 것이 뻔하였다.

결국 100주년 기념사업을 위한 후원금을 모금하기로 하였고 별도로 모금위원회를 구성하지는 않았지만 사실상 박원선이 그 중심에 있을 수밖에 없었다.

장학 기금 모금위원회 위원장, 장학 기금 확충위원회 위원장, 장학생 선발 기준 확정을 위한 위원회 위원장 등등 밀알회 회장과 재단의 이사장이라는 직책 외에도 밀알회에서 돈을 걷는 등의 궂은일을 해야 하는 자리에는 언제나 박원선이 있었다. 하지만 밀알 회원들은 그 누구도 이에 대해 이의를 달지 않았고 박원선도 기꺼이 그 궂은일을 도맡았고 장학회, 밀알회 일이라면 몸을 사리는 법이 없었다.

예순아홉 해 발자취

김익달 선사 100주년 기념사업을 위한 후원 성금 모금은 밀알 회원들의 호응이 뜨거워 단기간에 5천만 원을 훌쩍 넘어 기념사업 예산을 초과할 정도였다. 이렇게 하여 2016년 5월에 발행된 '학원 김익달 선사 탄생 100주년 기념 특집호'에는 '학원 김익달 예순아홉 해'라는 제목으로 생전에 김익달 선사님과 나눈 따스한 우정을 잊지 못하는 글과 나라 사랑에 대한 의지와 정신으로 이끌어간 선사님의 출판 철학을 회상하는 분들의 글과 선사님을 그리는 학원 밀알인들의 글과 학원 김익달의 예순아홉 해의 발자취를 연보 형식으로 정리하여 실었다.

또한 선사님 탄신 100주년 기념 세미나는 2016년 5월 9일 선사님 탄신 일에 맞춰 서울의 중앙인 광화문 앞 세종대로에 위치한 한국 프레스센터 19층 기자회견장에서 개최되었다.

주제 발표는 출판 부분에서 제14기 학원장학생인 조성겸 충남대 교수와 목원대 장수경 교수가 하였다.

장학 부분에서는 제16기 학원장학생 강수돌 고려대 교수와 한유경 이화여대 교수가 하였고, 사회는 제12기 학원장학생인 송찬섭 교수가 맡았다.

　SBS와 서울경제와 파이낸셜뉴스 등 언론에서는 이 세미나에 대해 "학원밀알장학재단이 한국잡지협회, 대한출판문화협회와 함께 여는 이번 세미나"에서 송찬섭 방송통신대 문화교양학과 교수의 사회로 '잡지 학원의 문화사적 의미(장수경 목원대 교양교육원 교수)', '미디어 융합 시대에 조명하는 학원 김익달의 출판 콘텐츠(조성겸 충남대 언론정보학 교수)', '학원 김익달의 장학사업과 사회적 의미(강수돌 고려대 경영학과 교수)', '민간 장학재단의 역할과 발전 방향(한유경 이화여대 교육학과 교수)' 등의 주제 발표가 진행될 예정이라고 보도하였다.

　특히 장수경 교수는 '학원의 문화사적 위상 연구'로 고려대학교에서 문화박사 학위를 받은 아동문학가로 주제 발표에서 "한국 문학사에는 '학원 세대'로 기억되는 특이한 세대가 있습니다. 우리는 1952년 11월 창간호부터 1979년 중단할 때까지 학생 잡지 〈학원〉을 읽고 성장한 이들에 대해 '학원세대' 또는 '학원파'라고 명명합니다. 김원일, 문정희, 박동규, 이청준, 조세희, 최명희, 황동규, 이승훈, 안도현 등 일급의 문인들을 비롯해 사회 각 분야의 지성인들 가운데에는 스스로를 학원 세대라고 호명하며 무한한 자긍심 속에서 살아가는 이들이 있습니다. 또한 〈학원〉 편집부를 거친 이들 가운데에서 김성재, 최덕교, 유경환, 박재서 등 한국 출판문화의 주역들이 탄생했다는 것은 기획·편집 체제·생산·유통 등에서 이 잡지의 영향이 전후뿐만 아니라 오늘날까지 문화 발전의 힘으로 작동해 왔음을 입증해 주는 것이다"라고 하여 〈학원〉을 단순히 중·고생 잡지가 아니라 한국 문화사에서의 위상을 강조하여 큰 호응을 받았다.

세미나, 전시회 대성황

한국프레스센터 19층 기자회견장은 최대 150명까지 수용 가능한데 밀알 회원들의 참여는 물론이고 대한출판문화협회와 한국잡지협회에서도 적극적으로 홍보하여 많은 인원이 참석하였다. 그래서 최대 수용 인원을 훨씬 초과하는 등 세미나는 대성황을 이루었다.

또 선사님 탄신 기념 전시회는 2016년 8월 22일부터 8월 29일까지 서울특별시 시민청 지하 1층 갤러리 및 B플라자에서 개최되었는데, 이는 '학원 김익달 탄신 100주년 및 학원밀알장학재단 60년사 전시회'가 서울문화재단의 2016년 공간지원사업으로 선정되었기 때문이다. 즉 서울문화재단은 전시회의 공익성을 인정하여 갤러리 등 시민청의 전시 공간을 무료로 대관해 주었을 뿐만 아니라 사용 공간에 홍보물을 배치하고 시민청 홈페이지와 서울문화재단 소식지 등을 통한 온라인·오프라인 홍보를 지원해 주기로 한 것이다.

전시 물품은 김익달 선사가 6.25 한국전쟁 중 출판한 〈학원〉 창간호뿐만 아니라 〈여원〉·〈농원〉·〈주부생활〉 등의 각종 잡지와 국내 최초의 대백과사전인 《학원사 대백과사전》이 전시되었다. 그리고 잡지 수집가인 김호영 선생, 구자룡 선생, 안정웅 선생 등이 소장하고 있는 〈학원〉·〈여원〉·〈농원〉·〈주부생활〉, 〈진학〉, 〈향학〉 등 각종 잡지의 창간호 등 60여 점이 함께 전시되었다.

이 전시회는 언론에서도 큰 관심을 갖고 보도하였는데 특히 SBS는 8월 22일 저녁 뉴스 시간에 "대한출판문화협회와 한국잡지협회가 서울특별시청 시민청 갤러리에서 출판계의 거장으로 불리는 김익달 선생의 대표 출판물인 〈학원〉과 〈여원〉, 〈주부생활〉 등의 창간본을 선보이는 전시회를 열었습니다. 김익달 선생이 창간한 청소년 대상 잡지 〈학원〉은 '학원세대'라는 신조어가 생길 정도로 당시 사회적인 현상을 일으켰으며 그가 설립한 학원장학회는 60여 년간 850여 명의 학업을 뒷바라지했습니다"라고 보도하였다.

이름 석 자 김익달

이 전시회는 일주일간의 전시 기간 중 수천 명의 관람객이 방문하여 우리나라 출판문화의 발전사뿐만 아니라 민간 장학재단의 발전사와 그 역할을 재조명하는 계기가 되었다는 평가를 받았다.

특히 이 전시회에는 제44기 학원밀알장학생 김상현 군이 학원 김익달 선사에 대한 간단한 다큐멘터리를 직접 제작하여 상영함으로써 큰 관심을 끌기도 했다.

김익달 탄신 100주년 기념사업의 일환으로 기획된 '김익달 선사 평전'은 여러 가지 논의 끝에 《하얀 나라 까만 나라》, 《아직 오지 않은 날》, 《보이지 않는 제국》 등 여러 소설을 발표한 바 있는 소설가 겸 변호사인 제11기 윤상일이 맡았다.

윤상일은 김익달 선사에 관한 많은 자료와 많은 밀알 회원들의 도움을 받아 2016년 8월 그의 생애와 사상을 조명하는 460여 쪽에 달하는 《학원 김익달 평전》을 발간하였는데 중앙일보, 경향신문, 세계일보 등의 언론도 '문화의 투기사', '출판계의 거장', '민간 장학회의 시조'인 김익달에 대한 평전이 발간되었다고 보도했다.

김익달 선사에 대한 평전 발간은 그의 업적과 사상을 정리하고 그동안 모르고 있었거나 유실될 수도 있었던 자료 등을 발론하여 정리한 데에도 큰 의의가 있었다고 평가되었다.

특히 《학원 김익달 평전》의 발간됨으로써 학술 단체인 '한국 인물 전기학회'는 2016년 11월, 이달의 주제 인물로 '김익달'을 선정하였고 이어서 11월 25일 대한변호사협회 강당에서 한국 인물 전기학회 제115회 인물전기 강좌를 개최하여 학원 김익달 선생의 생애와 사상을 조명하였다. 위 강좌에서 김익달 평전의 저자인 윤상일 변호사는 김익달의 생애와 사상 그리고 밀알 정신에 대해 발표함으로써 좀 더 많은 사람에게 이를 알리고 계승·발전시키는 계기가 되었다.

이렇게 김익달 탄신 100주년 기념사업은 숨겨져 있던 그 이름 석 자 김익달이 세상에 온전히 그 모습을 드러나게 한 계기가 되었다.

영원한 밀알인

2025년 11월 1일 경기도 광주시 오포읍 대명대길 57, 자하연 분당추모공원 수담H지구 0415, 아래가 훤히 내려다보이는 높은 곳이다.

선사님이 가신 지 벌써 40년이 흘렀다. 박원선도 이제 90세를 바라보고 있다. 그래도 김익달 선사님과의 일들은 어제 일처럼 생생했다.

군에 있을 때 대대장 심부름으로 월급봉투를 집으로 가져다 주다가 소매치기를 당해 죽고 싶었을 때 너무 걱정하지 말라며 월급봉투뿐만 아니라 용돈까지 쥐어 주던 투박하고 거친 손, 선사님과 술에 취해 어깨동무하며 선사님 댁에 들어가 잤을 때 새벽녘에 새 와이셔츠를 들고 와 갈아입고 빨리 나가라며 난처해

하던 모습, 얼마나 그리운 모습인가.

박원선은 문득 입가에 미소가 떠올랐다. 김익달 선사님과 고급 한정식집에서 술을 마실 때 박원선의 옆에서 술 시중을 들던 "미스 리"에게 홀딱 빠져 정신을 못 차리자 그 여인이 너보다 나이가 훨씬 많다며 걱정해 주시던 자애로운 모습이 떠올랐기 때문이었다.

이제 갓 대학생이 된 박원선이 언제 여인의 분 냄새를 맡아본 적이 있었던가. 그렇게 예쁜 여인이 화장하고 한복을 곱게 차려입고 미소 지으며 술 시중을 드니 한창 혈기 왕성한 대학생이 어떻게 빠지지 않을 수 있었겠는가.

박원선은 참으로 자신이 받은 것이 많았음을 깨달았다. '내게서 받은 것을 나에게 되갚으려 하지 말고 후진들에게 갚으라'는 말씀이 아직도 생생했다.

박원선은 종이컵에 소주를 따라 올리며 김익달 선사에게 고했다.

선사님으로부터 받은 은혜에는 100분의 1에도 못 미치지만 그래도 단 한 사람의 밀알이라도 더 키우려고 애는 썼습니다. 선사님이 전쟁의 폐허 위에서 뿌린 씨앗이 이제 어느덧 1천 명이 넘습니다. 이제 저도 90을 바라보게 됐으니 선사님보다 참 많이 살았습니다. 선사님을 다시 뵐 날도 얼마 남지 않은 것 같습니다. 죽어서도 선사님을 가까이 뵙고 싶지만, 감히 선사님과 나란히 앉을 수는 없어서 저쪽 선사님 오른쪽에 선사님을 바라보는 곳에 작은 자리(수담 H지구 11185)를 하나 마련했습니다. 선사님 말씀대로 세상에 한 줌의 기름진 흙이라도 보태는 밀알이 되겠습니다.

에필로그

월급날에는 늘 빈 봉투만 들고 오는 남편,

당장 갈데없다는 학생을 집으로 데려오는 남편,

도와주던 학생이 연락 끊어진지 1년 만에 연락처를 찾았다고
민통선까지 찾아가는 남편,

몸살로 누웠다가도 장학회 일이라면 벌떡 일어나는 남편,

이런 남편을 타박하지 않았고, 못나고 무능하다고 비난하지
않았고, 현실을 모른다고 무시하지 않았고, 오히려 좋은 일 한
다고 남편을 격려하고 집으로 데려온 학생들을 몇 년씩이나 친
자식과 같이 돌봐주고 연락이 끊긴 학생을 찾기 위해 남편과 함
께했고 장학회 일, 밀알회 일이라면 남편보다 먼저 나서는 그런

아내가 있습니다.

바로 박원선 선생의 아내 주경지 여사입니다.

박원선 선생을 태어나게 한 것은 어버이지만 박원선 선생을 세상에 드러나게 한 것은 김익달 선사님이고 박원선 선생이 장학생들의 대부로, 영원한 밀알인의 삶을 살 수 있었던 것은 그의 아내 주경지 여사가 있었기 때문입니다.

그러기에 박원선 선생의 삶은 주경지 여사의 삶과 다름 아니고, 우리가 기억해야 할 이름은 박원선 선생과 더불어 주경지 여사임을 압니다.

우리 밀알 회원들은 이분들의 이름을 기억하는데, 그치지 않고 우리가 세상으로부터 받은 빚을 다시 세상에 돌려주고자 하는 '밀알정신'을 다시 한번 마음에 새깁니다.

그리고 이미 우리 주위에서 세상에 드러내지 않고 '밀알정신'을 구현하는 수많은 밀알 회원들에게 존경과 감사하는 마음을 가지고 이 글을 씁니다.

영원히 기억나는 이름

밀알인 박원선

1판 1쇄 발행 2026년 4월 24일

지은이 **윤상일**
발행인 **최봉규**

발행처 **지상사(청홍)**
등록번호 **제2017-000075호**
등록일자 **2002. 8. 23.**

주소 서울특별시 용산구 효창원로64길 6 일진빌딩 2층
우편번호 04317
전화번호 02)3453-6111, 팩시밀리 02)3452-1440

홈페이지 www.jisangsa.com
이메일 c0583@naver.com

한국어판 출판권 ⓒ 지상사(청홍), 2026
ISBN 978-89-6502-015-8   03300

*잘못 만들어진 책은 구입처에서 교환해 드리며, 책값은 뒤표지에 있습니다.